中国电力监管报告 2017

郭　珺　郑新业　著

本书研究及出版获得以下基金项目资助：中国人民大学重大基础研究计划（11XNL004）

科　学　出　版　社

北　京

内 容 简 介

2015 年 3 月，中共中央、国务院印发了《关于进一步深化电力体制改革的若干意见》（中发〔2015〕9 号），以电力行业为着眼点，率先拉开了"能源革命"的大幕。本书结合本轮电力体制改革的目标，对我国电力行业发展中存在的问题做出阐述，并对以"三放开、一相对独立、三加强"为基本路径的电力体制改革总体方案、配套文件和地方改革方案进行梳理。在此基础上，初步评估 2016 年我国电力体制改革已取得的成效和仍面临的挑战。在电力能源改革发展的大格局下，本书对未来电力体制改革进程提出了包括促进煤炭清洁利用、加强输配电成本监管、妥善处理交叉补贴、积极应对电价波动和提升政府监管能力在内的几点建议。

本书可以帮助电力市场相关领域的业内人士、专家学者、政府机构及对电力能源改革发展感兴趣的人士理解和展望电力能源行业的发展方向。

图书在版编目（CIP）数据

中国电力监管报告. 2017 / 郭琎，郑新业著. —北京：科学出版社，2017.9

ISBN 978-7-03-054636-4

Ⅰ. ①中… Ⅱ. ①郭… ②郑… Ⅲ. ①电力工业-监督管理-研究报告-中国-2017 Ⅳ. ①F426.61

中国版本图书馆 CIP 数据核字（2017）第 239962 号

责任编辑：马 跃 王丹妮 / 责任校对：樊雅琼
责任印制：霍 兵 / 封面设计：无极书装

科 学 出 版 社 出版
北京东黄城根北街 16 号
邮政编码：100717
http://www.sciencep.com

三河市骏杰印刷有限公司 印刷
科学出版社发行 各地新华书店经销

*

2017 年 9 月第 一 版 开本：720×1000 1/16
2017 年 9 月第一次印刷 印张：5
字数：101 000

定价：52.00 元
（如有印装质量问题，我社负责调换）

作者简介

郭琎　中国人民大学经济学博士，国家发展和改革委员会中国宏观经济研究院市场与价格研究所实习研究员。研究方向为能源经济学。在 *Energy Economics*、*Journal of Cleaner Production*、*Energy Policy*、《政治经济学评论》及《管理世界》等国内外期刊发表论文十余篇。

郑新业　中国人民大学经济学院教授、博士生导师，兼任经济学院副院长和能源经济系主任、中国人民大学国家发展与战略研究院能源与资源战略研究中心主任。研究方向为能源经济学和公共经济学。出版英文专著一部，中文著作四部；在 *Nature Energy*、*Energy Economics*、*Applied Energy*、*Journal of Cleaner Production*、*Energy Policy*、*China Economic Review*、*Social Science Journal*、*Annals of Regional Science*、《管理世界》和《世界经济》等国内外刊物发表论文四十余篇。为国家发展和改革委员会、国家能源局、地方政府和亚洲开发银行等机构多次提供决策咨询服务。为《中国能源报》《南方能源观察》《第一财经》《南方都市报》等新闻媒体撰写专栏；并时常受邀参与中央电视台《焦点访谈》及英文频道、凤凰大讲堂和日本 NHK 电视台的相关讨论。

前　　言

2015 年 3 月，中共中央、国务院印发了《关于进一步深化电力体制改革的若干意见》(中发〔2015〕9 号，以下简称"九号文")，以电力行业为着眼点，率先拉开了"能源革命"的大幕。尽管我国电力行业在保障全社会用电需求方面成绩斐然，但其发展中的几个问题仍不容忽视：一是电力生产中污染排放较大，负外部性凸显；二是电力价格体系较为复杂；三是电网垄断带来的问题难以估量；四是对电力行业的监管效果不佳；五是电力行业发展和国民经济产业结构调整应统筹一致。

为解决制约电力行业科学发展的突出矛盾和深层次问题，促进电力行业又好又快发展，推动结构转型和产业升级，新一轮电力体制改革围绕"在可竞争领域建立市场，在自然垄断领域实施有效监管"展开。本轮电力体制改革的重点和基本路径为"三放开、一相对独立、三加强"，同时，针对输配电价改革、电力市场建设、电力交易机构组建和规范运行、有序放开发用电计划、售电侧改革及加强和规范燃煤自备电厂监督管理颁布了六个配套文件。根据各省（自治区、直辖市）改革所面临的问题和重点任务，地方电力体制改革方案也陆续出台。

在梳理"九号文"及其配套文件、地方电力体制改革方案的基础上，对 2016 年我国电力体制改革已取得的成就和仍面临的挑战做出分析。总体上，电力体制改革方案没有带来预期的效率提升，改革的红利不大。我们强调，本轮电力体制改革带来了巨大的利益调整：赢家将会是高耗能产业等用电大户，输家是财政部门、民政部门、地方政府、居民、农村和偏远地区及产业结构调整政策。至于电网本身，则得失皆有，总体得利。在地方，本轮电力体制改革的成绩表现为输配电价核定工作逐步展开、电力交易中心陆续成立、售电公司遍地开花。

　　"九号文"的落实和进一步改革仍面临以下挑战：第一，从监管体系的科学建设和监管能力的有效提升两方面强化政府的监管能力；第二，理顺电力市场中的价格形成机制和传导机制，避免"成本加成定价"的弊端；第三，在市场作用主导的电力体制中，达成"确保可再生能源优先供电，确保居民优先用电"的发用电计划，并安排相应的财源支持；第四，警惕省级区域内市场势力影响，协调跨省（自治区、直辖市）电力补贴，考虑跨省（自治区、直辖市）电力交易平台和区域电网建设等问题；第五，本轮电力体制改革由省（自治区、直辖市）能源局与电力体制改革小组共同负责，电力体制改革的权责划分、方案实施和监督落实都是亟待解决的问题。因此，我们对后续电力体制改革进程提出了包括促进煤炭清洁利用、加强输配电成本监管、妥善处理交叉补贴、积极应对电价波动和提升政府监管能力在内的几点建议。

　　本书写作参阅了国家监管机构的相关官方文件和资料，以及其他学者的著作和文献，在此表达诚挚的谢意！感谢科学出版社为本书的出版付出的辛勤劳动！书中定有疏漏和不足之处，敬请各位读者和专家批评指正。

作　者

2017 年 6 月

目　　录

一 电力体制改革的大背景

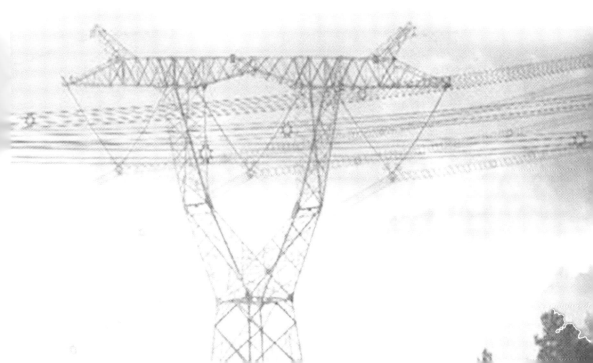

十八大以来，我国的经济和社会发展进入了新阶段，新时期挑战和机遇并存。一方面，改革开放的红利中较为容易的部分已经实现，改革进入了深水区；另一方面，中国经济社会发展的潜力巨大，前景光明，大量的改革红利有待进一步挖掘。在这样的背景下，需要大无畏的精神，以强有力甚至是革命性的手段来突破各种阻碍，挖掘生产力的潜力，以改革来实现红利。

能源领域以其面临的挑战及巨大的潜在红利，在十八大之后被党中央、国务院和人民寄予厚望。中国已成为世界第一大能源消费国，能源可持续发展面临巨大挑战。习近平总书记提出"能源革命"重大战略，李克强总理也相应做出重要部署。电力是重要的能源品之一，电力领域的问题也更具代表性和紧迫性，电力体制改革可以说是能源改革的杠杆和突破口。2015 年 3 月，中共中央、国务院印发了《关于进一步深化电力体制改革的若干意见》（中发〔2015〕9 号），以电力行业为着眼点，率先拉开了能源改革的大幕。

电力体制改革具有深刻的背景。从能源行业自身的特点来看，一是我国能源需求高涨，但能源使用效率低于世界平均水平，能源供给压力日益增加。二是能源供给和能源需求以煤为主，绿色清洁和优质能源匮乏；尤其在电力行业，2013 年以前，火力发电占电力生产量的比重在 80%左右，2014 年该比重大幅下降为 75.27%，2015 年进一步下降至 72.96%（图 1-1）。三是能源生产和消费过程中外部性成本高，环境质量恶化；中国已成为世界上最大的二氧化碳排放国，应对气候变化的压力巨大。四是能源安全问题凸显。一方面，能源生产安全需要特别重视和加强监管；另一方面，主要化石能源的对外依存度攀升，2014 年，原油和天然气的对外依存度分别为 59.82%和 31.62%，再加上国际能源市场价格震荡，我国能源体系应对外来冲击的能力不强（图 1-2）。五是能源价格非市场化扭曲严重，政府和民众担心能源改革带来的价格波动冲击。六是主要能源的供应链中呈现自然垄断的属性，如油气管道、输配电网等，其运营中不可避免地存在效率损失。从国民经济发展的趋势来看，制造业仍是拉动经济增长的引擎，其高耗能、高污染的特征不容忽视。在较"重"的经济结构下，经济结构调整成为我国长期的经济政策目标。从效率优先、兼顾公平的理念来看，一是高收入群体的能源消费量相对较高，当前对能源消费的补贴，如电力价格中的交叉补贴，在一定程度上补贴了富人，使其能源支出占比低于低收入群体。二是全社会节能减排的推进与地方发展权之间存在冲突（图1-3），能源作为主要的生产要素之一，控制其消费相当于给亟待发展的地区踩下"经济增长急刹车"。

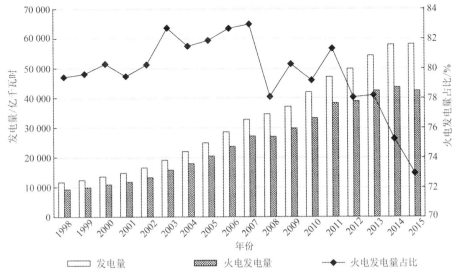

图 1-1　我国历年发电量和火力发电量

资料来源：国家统计局

　　整体上看，我国电力产业的特征为发电侧电源以火电为主、水电为辅，核电、风电和太阳能作用不大，部分用户有自备电厂；输配电体系在国家电网和南方电网的区域内垄断运营；电力需求以工商业为主、居民用电为辅。电力既是经济和社会发展的基本投入品，也是人们生活的必需品，电力的高速增长是经济增长和人民生活改善的前提。从这点上看，我国电力供给保障全社会用电需求的贡献不应该被低估。我国电力消费量从 2000 年的 1.3 万亿千瓦时增加到 2014 年的 5.6 万亿千瓦时，人均电力消费量从 2000 年的 1066.9 千瓦时增加到 2014 年的 4132.9 千瓦时（图 1-4）。这期间，电力消费量以年均 10.8% 的速度增长，2003 年和 2004 年的增长率超过了 15%；人均电力消费量以年均 10.2% 的速度增长，2002～2007 年、2010 年和 2011 年的增长率超过了 10%。

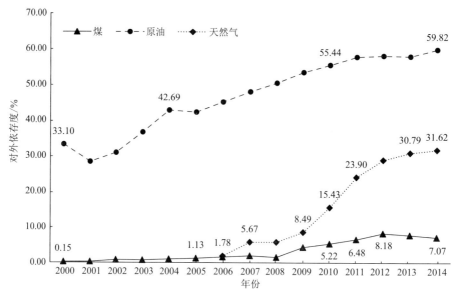

图 1-2 我国主要化石能源的对外依存度①

资料来源：国家统计局

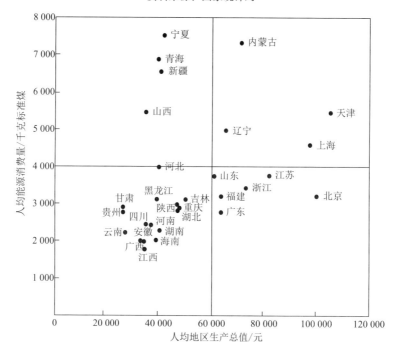

图 1-3 全社会节能减排的推进与地方发展权之间的冲突（2014 年）

资料来源：国家统计局，《中国能源统计年鉴》

① 对外依存度：主要能源品的进口量占其消费量的比重。

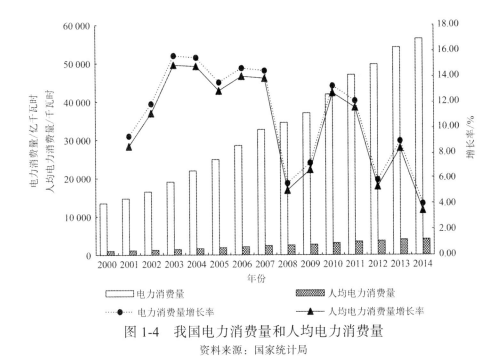

图 1-4 我国电力消费量和人均电力消费量

资料来源：国家统计局

尽管如此，我国电力行业发展中的几个问题仍不容忽视，具体如下。

第一，电力生产中污染排放较大，负外部性凸显。在以煤电为主的电力供给侧，从纵向比较，发电煤耗有一定的下降；但从横向比较，与国际平均水平仍然有很大的差距；即使是在我国行业内比较，大量发电企业的煤耗依然很高。特别是，发电煤耗较低、发电效率较高的机组并没有得到充分利用。此外，尽管脱硫脱硝设施在电厂普遍安装，但发电企业缺少使用脱硫脱硝设施的激励，政府也缺少强有力的监管手段，部分脱硫脱硝设施安装流于形式。因此，发电企业节能减排的力度遭人非议，污染排放问题也被大众诟病。伴随着电力需求和供给的高速增长，电力行业的污染排放问题也越来越严重。缓解本地污染物排放问题，如雾霾、$PM_{2.5}$ 等和应对全球二氧化碳排放的压力是当今电力行业面临的最为严峻的考验。

第二，电力价格体系较为复杂。其复杂性体现在以下两个方面：其一，在国际的横向比较中，我国电力价格水平较低，从而企业用电成本低，家庭电力消费支出占其总支出的比重低。但是，现行电力价格并没有反映发电过程中污染排放所造成的社会损失；而输配电价中包含可能被高估的输配电成本。其二，按终端用户划分的各类销售电价之间存在交叉补贴，相应地，不同电压等级之间的销售电价也存在交叉补贴。例如，工商业用电和居民用电电价之间的交叉补贴、城市居民用电和农村居民用电电价之间的交叉补贴。此类交叉补贴的制度安排难以评价。一方面，由于交叉补贴的存在，价格不能反映供电成本，存在电力浪费的效率损失。另一方面，目前我国没有征收环境税，交叉补贴可视为某种形式的环境税，具有"双重红利"效应——工业用户承担较高的电价，倒逼高耗能产业转型，实现绿色红利；补贴居民，使其承担较低的电价，提升了居民福利。在交叉补贴制度安排的背后，我国民众和政府认为电力供给是基本的公共服务，因而要求电网企业承担电力普遍服务的义务。

第三，电网垄断带来的问题难以估量。在输配电环节，由于电网的自然垄断属性，以下几类问题难以避免：其一，若采用投资回报率进行价格管制，被管制企业（电网企业）的投资者将得到公平收益。但是，公平收益率难以核定，政府为了确保电网企业能够提供高质量的电力供给和服务，往往规定高于公平收益率的投资回报率，这将使企业过度投资，造成电网资产的膨胀。其二，在不存在市场竞争机制的环境下，电网企业倾向于放松内部管理和技术创新，从而导致了生产和经营低效率。其三，从电网企业向管理者或上、下游企业转移资产和利润等利益输送的问题也或多或少存在。

第四，对电力行业的监管效果不佳。由于电网的自然垄断性质，政府对电网企业的监管一直是电力产业组织的核心内容。新的国家能源局成立以后，电力行业专项监管的职能萎缩，对电力行业的监管不仅没有进展，反而会出现大幅度的后退。应该说，目前我国政府对垄断的监管效果不佳，电力行业专项监管的职能萎缩是电力体制改革走过的"弯道"。

第五，电力行业发展和国民经济产业结构调整应统筹一致。对企业而言，电力是重要的能源投入品，电力价格对产品生产、成本和价格有非常重要的影响。因此，电力体制改革目标是否和其他政策目标之间存在冲突是一个非常重要的问题。产业结构调整的目标之一是从"工业化"逐渐向以高技术产业和服务业为主导的国民经济结构转变，其中，降低高耗能产业的比重势在必行。但是，现行电力价格较低，对企业节能降耗的激励不足，将在一定程度上阻碍产业结构的调整。

总结起来，现行电力体制安排的优点包括：第一，以较低的价格水平满足了全社会的电力需求，保障了企业和居民的用电安全；第二，通过交叉补贴和普遍服务，电网部分承担了民政部和财政部补贴低收入人群用电需要、实现再分配等职能；第三，电网具有烫平电力供给和电力需求两侧的不确定性的功能，在一定程度上起到了"水库"或者"保险公司"的作用。现行电力体制安排也有明显的缺点，包括：电力价格没有反映全部的电力生产成本；由电网自然垄断属性导致的资产膨胀、X-非效率、利益输送等问题；政府对电网企业的监管效果不佳；电力行业的制度安排不利于产业结构调整等。因此，电力体制改革对促进电力行业乃至国民经济发展有重要意义。

二　电力体制改革的主要措施

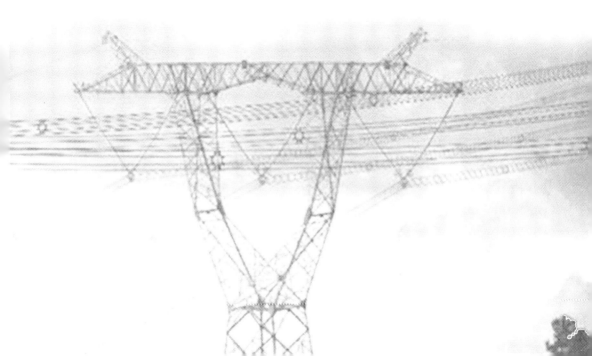

（一）"九号文"及配套文件

本轮电力体制改革围绕"在可竞争领域建立市场，在自然垄断领域实施有效监管"展开，涉及输配电价改革、电力市场建设、电力交易机构组建运行及放开发用电计划四个领域。总体上看，改革重点和基本路径可以概括为"三放开、一相对独立、三加强"。"三放开"是指有序放开新增配售电市场，有序放开输配以外的经营性电价，有序放开公益性和调节性以外的发电计划。"一相对独立"是指交易机构相对独立。"三加强"是指加强政府监管，强化电力统筹规划，强化和提升电力安全高效运行与可靠性供应水平。具体改革内容包括以下几方面。

一是界定电网企业的性质。电网企业主要从事电网投资运行、电力传输配送、保障电网系统安全，确保电网公平无歧视开放，按国家规定履行电力普遍服务义务。电网企业的运营模式将由营利性单位向公用事业单位转变；盈利模式从以往的购售电差价转变为成本和合理利润相结合的模式。电网企业只收取政府核定的输配电价，起到"电力输送通道"的作用。

二是放开售电侧。改革前，售电侧主要是指国家电网购买电力企业的发电量，再卖给终端用户，赚取发电与售电的差价。售电侧放开是指除了通过售电企业售电外，发电企业能够以售电者的身份直接面对终端用户，与其进行直接交易。现在，发电企业开始组建售电公司，建立营销队伍，参与售电侧交易。

三是理顺电价机制。三个"有序放开"是为了在发电侧和售电侧建立电力市场而提出的，目的是将发电侧原有的发电计划和上网电价放开，将售电侧原有的用电计划和终端用户电价放开。电力供需双方自主交易形成价格，有利于形成发用电市场。最终，电价体系主要由发电价格、输配电价格和售电价格构成，其中输配电价格由政府核定，发、售电价格由市场形成。

四是输配分开、调度独立被取代，改革方向为"放开两头，管住中间"，强化政府监管。从国际电力体制改革的经验来看，输配分开和调度独立未必是科学合理的改革方向。输配分开和调度独立的安排存在诸如电网投资、规划、运行和检修的协调性下降，影响电网运行安全等弊端。目前，政府将电网企业的功能定位为公共事业单位，起到"电力高速路"的作用，仅仅收取过网费，因此输配分开和调度独立的改革需求并不迫切。相反，由于电网企业的自然垄断属性，强化政府监管迫在眉睫。

五是发展可再生能源和分布式电源。落实可再生能源发电保障性收购制度在文件中被一再提及，政策保障落实力度将加大，对新能源与能源互联网具有明显的政策红利。分布式电源发展在本轮电力体制改革方案中得到了足够的重视，涉及自发自用、并网服务、自备电厂、放开用户侧分布式电源等多个方面。

六是多途径培育市场主体。文件明确了五类新的售电主体，分别是高新产业园区和经济开发区，社会资本投资组建售电公司，供水、供气、供热等公共事业公司，节能服务公司和符合条件的发电企业。如果高新产业园区发展分布式电源，意味着可以满足其自身一半以上的电力需求。允许社会资本组建售电公司意味着民营资本可以进入到国家行政垄断的领域，电力市场投资主体将逐步实现多元化。如果公共事业公司能有效组织冷热电三联供，则有望产生巨大经济效益。节能服务公司可以为用户提供系统的能源管理方案，节能将是未来潜在的能源供给。符合条件的发电企业是为五大国有发电集团松绑，不再受制于电网公司。

七是建立辅助服务分担共享机制。"用户可以结合自身负荷特性，自愿选择与发电企业或电网企业签订保供电协议、可中断负荷协议等合同，约定各自的辅助服务权利与义务，承担必要的辅助服务费用，或按照贡献获得相应的经济补偿"，是一种类似于"上网套餐"一样的辅助服务。例如，居民用户根据自身用电情况与售电企业签订服务合同，每月用多少度电，是否面临阶梯电价，超过一定消费量是否提醒或断电，为配合电网调峰调频是否可以做出某种程度的让步，售电公司对这种妥协行为给予何种补偿等。辅助服务分担共享机制的建立可以使电力市场交易更加灵活、透明。

相应的配套文件包括：《关于推进输配电价改革的实施意见》《关于推进电力市场建设的实施意见》《关于电力交易机构组建和规范运行的实施意见》《关于有序放开发用电计划的实施意见》《关于推进售电侧改革的实施意见》《关于加强和规范燃煤自备电厂监督管理的指导意见》。从配套文件看，在可竞争领域建立市场机制，主要是在发电侧和售电侧促进竞争，包括：确立市场竞争主体，为电力买卖创造条件；确保电力价格形成由市场决定；建立促进市场发挥作用的新机构和新机制。在市场失灵领域建立强大灵活的政府监管体系，以应对垄断、负外部性和电力普遍服务的问题，包括：重点监管电网公司，防止损害市场效率或其他经营主体利益的行为；制定完善市场交易办法，高度警惕市场势力给市场运作带来的潜在危害；安排专门制度应对火电负外部性，支持新能源发电；确保公共领域用电、居民用电和普遍服务的稳定。此外，应急管理措施必不可少；除应对紧急事故外，电力体制改革涉及多方利益和多重目标，需综合平衡、统筹推进。配套文件的具体安排如下。

1. 市场化的路径

配套文件的核心内容是让市场起决定性作用，把过去电力产业的"电网企业独买独卖、政府定价"改革为"多买多卖、市场定价"，还原电力的商品属性。本轮电力体制改革在市场化方面的举措包括以下几方面。

（1）确立市场竞争的主体，即电力的买家和卖家，为电力的买和卖创造条件

在配套文件二《关于推进电力市场建设的实施意见》的第一部分"总体要求和实施路径"中提出"遵循市场经济基本规律和电力工业运行客观规律"，"引入市场竞争，打破市场壁垒，无歧视开放电网"，"逐步建立以中长期交易规避风险，以现货市场发现价格，交易品种齐全、功能完善的电力市场。在全国范围内逐步形成竞争充分、开放有序、健康发展的市场体系"。

在配套文件四《关于有序放开发用电计划的实施意见》的第一部分"总体思路和主要原则"中提到"在保证电力供需平衡、保障社会秩序的前提下，实现电力电量平衡从以计划手段为主平稳过渡到以市场手段为主，并促进节能减排"。

在配套文件五《关于推进售电侧改革的实施意见》的"指导思想"中提到"向社会资本开放售电业务，多途径培育售电侧市场竞争主体，有利于更多的用户拥有选择权，提升售电服务质量和用户用能水平"。在"基本原则"中提到"坚持市场方向。通过逐步放开售电业务，进一步引入竞争，完善电力市场运行机制，充分发挥市场在资源配置中的决定性作用，鼓励越来越多的市场主体参与售电市场"。

在配套文件六《关于加强和规范燃煤自备电厂监督管理的指导意见》的第二部分"基本原则"中提到"坚持公平竞争的原则。执行统一的产业政策和市场规则，推动自备电厂成为合格市场主体，公平参与市场交易"。

（2）确保电力价格的形成机制从政府确定过渡到市场决定

确保电力价格由市场形成，并反映市场的供求状况，这不仅是改革的目的，也是改革成功的标志。例如，在配套文件二《关于推进电力市场建设的实施意见》的第三部分"主要任务"中提到，"按成本最小原则建立现货交易机制，发现价格"。在配套文件四《关于有序放开发用电计划的实施意见》的第四部分"切实保障电力电量平衡"提到，"组织符合条件的电力用户和发电企业，通过双边交易或多边交易等方式，确定交易电量和交易价格"。在配套文件五《关于推进售电侧改革的实施意见》的第四部分"市场化交易"中提到，"放开的发用电计划部分通过市场交易形成价格，未放开的发用电计划部分执行政府规定的电价。市场交易价格可以通过双方自主协商确定或通过集中撮合、市场竞价的方式确定"。

在这些市场机制确定价格之外，为了控制自备电厂对电力交易的干扰，降低企业把公用电厂改为自备电厂的动机，在配套文件六《关于加强和规范燃煤自备电厂监督管理的指导意见》的第五部分"承担社会责任，缴纳各项费用"中提到，"备用费标准分省统一制定，由省级价格主管部门按合理补偿的原则制定，报国家发展改革委①备案。向企业自备电厂收取的系统备用费计入电网企业收入，并由政府价格主管部门在核定电网企业准许收入和输配电价水平时统筹平衡。随着电力市场化改革的逐步推进，探索取消系统备用费，以市场化机制代替"。第六部分"加强综合利用，推动燃煤消减"中提到，"在风、光、水等资源富集地区，采用市场化机制引导拥有燃煤自备电厂的企业减少自发自用电量，增加市场购电量，逐步实现可再生能源替代燃煤发电"。第八部分"确定市场主体，参与市场交易"中提到，"有序参与市场交易。拥有自备电厂的企业成为合格发电市场主体后，有序推进其自发自用以外电量按交易规则与售电主体、电力用户直接交易，或通过交易机构进行交易"，"平等参与购电。拥有自备电厂但无法满足自身用电需求的企业，按规定承担国家依法合规设立的政府性基金，以及与产业政策相符合的政策性交叉补贴后，可视为普通电力用户，平等参与市场购电"。即便是可再生能源，在增量部分也更多地采取市场化的价格形成机制，而不再由政府来确定。例如，"规划内的可再生能源优先发电，优先发电合同可转让。鼓励可再生能源参与电力市场，鼓励跨省跨区消纳可再生能源"。

（3）建立促进市场发挥作用的新机构和新机制

要使市场在电力交易中起决定性作用，需要建立新的机构、新的机制和新的规则。例如，在配套文件三《关于电力交易机构组建和规范运行的实施意见》的第一部分"总体要求"中提到，电力体制改革的指导思想是"构建统一开放、竞争有序的电力市场体系"，"组建相对独立的电力交易机构，搭建公开透明、功能完善的电力交易平台"，"促进市场在能源资源优化配置中发挥决定性作用和更好发挥政府作用"。在"基本原则"中提到，"相对独立，依规运行。将原来由电网企业承担的交易业务与其他业务分开，实现交易机构管理运营与各类

---

① 全称为国家发展和改革委员会。

市场主体相对独立"。

另外，在配套文件三《关于电力交易机构组建和规范运行的实施意见》的第二部分"组建相对独立的交易机构"中提到，"交易机构应具有与履行交易职责相适应的人、财、物，日常管理运营不受市场主体干预，接受政府监管"，"交易机构主要负责市场交易组织，调度机构主要负责实时平衡和系统安全"，"交易机构按照市场规则，基于安全约束，编制交易计划，用于结算并提供调度机构。调度机构向交易机构提供安全约束条件和基础数据，进行安全校核，形成调度计划并执行，公布实际执行结果，并向市场主体说明实际执行与交易计划产生偏差的原因。交易机构根据市场规则确定的激励约束机制要求，通过事后结算实现经济责任分担"。

为了确保利益相关各方的利益，交易机构的治理中纳入了交易各方的利益。在配套文件三《关于电力交易机构组建和规范运行的实施意见》的第二部分"组建相对独立的交易机构"中提到，"可建立由电网企业、发电企业、售电企业、电力用户等组成的市场管理委员会"。

与此同时，为了规范交易各方的短期行为，政府还对相关利益方的资格和交易记录进行监管。具体来说，在配套文件五《关于推进售电侧改革的实施意见》的第五部分"信用体系建设与风险防范"中提到，"建立信息公开机制，省级政府或由省级政府授权的部门定期公布市场准入退出标准、交易主体目录、负面清单、黑名单、监管报告等信息"，"建立市场主体信用评价机制，省级政府或由省级政府授权的部门依据企业市场履约情况等市场行为建立市场主体信用评价制度，评价结果应向社会公示"；第三部分"售电侧市场主体准入与退出"中提到，"市场主体违反国家有关法律法规、严重违反交易规则和破产倒闭的须强制退出市场，列入黑名单，不得再进入市场。退出市场的主体由省级政府或由省级政府授权的部门在目录中删除，交易机构取消注册，向社会公示"。

2. 政府之手的建立

政策制定者对确保电力市场的竞争程度，确保电网垄断的成本控制有明确的认识，也采取了若干措施来预防和应对可能出现的情况。另外，改革中也花费了大量的精力来应对电力生产和消费过程中相关的负外部性，以及电力的普遍服务。

（1）对自然垄断的严格监管

对垄断企业的科学监管是政府的重要职责。政府首先在自然垄断部分重点监管电网公司的行为，防止其损害市场中的其他经营主体的利益，危及市场效率和功能的发挥。例如，在配套文件五《关于推进售电侧改革的实施意见》的第一部分"指导思想和基本原则、工作目标"中提到，"完善监管机制。保证电力市场公平开放，建立规范的购售电交易机制，在改进政府定价机制、放开发电侧和售电侧两端后，对电网输配等自然垄断环节和市场其他主体进行严格监管，进一步强化政府监管"。同等重要地，文件高度关注电网企业的成本核算，以使电力价格尽可能地反映成本。具体说来，在配套文件一《关于推进输配电价改革的实施意见》的第一部分"总体目标"中提到，"还原电力商品属性，按照'准许成本加合理收益'原则，核定电网企业准许总收入和分电压等级输配电价，明确政府性基金和交叉补贴，并向社会公布，接受社会监督。健全对电网企业的约束和激励机制，促进电网企业改进管理，降低成本，提高效率"；第二部分"基本原则"中提到，"电网企业按照政府核定的输配电价收取过网费，不再以上网电价和销售电价价差作为主要收入来源。在输配电价核定过程中，既要满足电网正常合理的投资需要，保证电网企业稳定的收入来源和收益水平，又要加强成本约束，对输配电成本进行严格监审，促进企业加强管理，降低成本，提高效率"；第三部分"主要措施"中提到，"认真开展输配电价测算工作。各地要按照国家发展改革委和国家能源局联合下发的《输配电定价成本监审办法》（发改价格〔2015〕1347号），扎实做好成本监审和成本调查工作"，"严格核减不相关、不合理的投资和成本费用"，"全面调查摸清电网输配电资产、成本和企业效益情况"，"实施总收入监管与价格水平监管"。

（2）对市场势力的高度警惕

市场的建立并不会自动保障效率，若不对潜在的干扰市场运作的因素进行有效监管，卖家或者买家都可能操纵市场，使价格大幅度地背离成本。在这方面，在配套文件二《关于推进电力市场建设的实施意见》专门设立了"市场监管"方面的内容，并要求能源监管机构及地方政府电力管理部门对市场主体有关市场操纵力、公平竞争、电网公平开放、交易行为等情况实施监管。如何确保发电企业不串谋是政策制定者需要高度关注的重大问题。

在售电侧也存在类似的问题。在配套文件五《关于推进售电侧改革的实施意见》的第五部分"信用体系建设与风险防范"中提到，"强化信用评价结果应用，加强交易监管等综合措施，努力防范售电业务违约风险。市场发生严重异常情况时，政府可对市场进行强制干预"。

此外，在电网企业承担保底售电情况下，如何确保电网企业对电网售电公司和其他售电公司的公平、无歧视放开准入是人们关注的焦点，也是政策制定者下一步工作的重点。因此，警惕市场势力是配套文件中值得重视的地方，也是未来能源监管机构关注的重点。

（3）确保公共领域用电、居民用电和普遍服务的稳定

电力是经济社会发展和人民生活不可或缺的能源品。配套文件将公用事业、居民用电需求处于优先供应的特殊地位，由配套文件二《关于推进电力市场建设的实施意见》的"建立优先购电、优先发电制度"来保证。在配套文件四《关于有序放开发用电计划的实施意见》的第一部分"总体思路和主要原则"中提到，"政府保留必要的公益性、调节性发用电计划，以确保居民、农业、重要公用事业和公益性服务等用电。在有序放开发用电计划的过程中，充分考虑企业和社会的承受能力，保障基本公共服务的供给。常态化、精细化开展有序用电工作，有效保障供需紧张情况下居民等重点用电需求不受影响"。配套文件五《关于推进售电侧改革的实施意见》的第二部分"售电侧市场主体及相关业务"中提到，"电网企业在保障电网安全和不影响其他用户正常供电的前提下，

按照规定的程序、内容和质量要求向相关用户供电，并向不参与市场交易的工商业用户和无议价能力的用户供电，按照政府规定收费"。

此类政策重新定义了政府在电力市场中的义务，既有临时性的考虑，也有长远的安排。由于我国环境税缺失（拟定中的环境税税率很低），电力需求中尤其是部分高耗能产业用电的负外部性没有得到矫正，以工商业电价补贴居民电价和维持普遍服务有效率上的合理性。

（4）应对煤电的负外部性，支持清洁能源发电

电力生产和消费过程中不可避免地会产生污染物和二氧化碳排放。因此，电力体制改革不可或缺的内容就是如何矫正负外部性，以及激励清洁能源的发展。在激励清洁能源发电方面，政府使用了"优先"来鼓励和促进。在配套文件四《关于有序放开发用电计划的实施意见》的第一部分"总体思路和主要原则"中提到，"在确保供电安全的前提下，优先保障水电和规划内的风能、太阳能、生物质能等清洁能源发电上网，促进清洁能源多发满发"。

在处理污染方面，配套文件五《关于推进售电侧改革的实施意见》的第六部分"组织实施"中提到，"对各类准入交易企业的能耗、电耗、环保排污水平定期开展专项督查，及时查处违规交易行为，情节严重的要追究相关责任"。在配套文件六《关于加强和规范燃煤自备电厂监督管理的指导意见》的第二部分"基本原则"中提到，"坚持节能减排的原则。严格新建机组能效、环保准入门槛，落实水资源管理'三条红线'控制指标。持续升级改造和淘汰落后火电机组，切实提升自备电厂能效、环保水平"。在配套文件六《关于加强和规范燃煤自备电厂监督管理的指导意见》的第三部分"强化规划引导，科学规范建设"中提到，"统筹纳入规划。新（扩）建燃煤自备电厂项目（除背压机组和余热、余压、余气利用机组外）要统筹纳入国家依据总量控制制定的火电建设规划，由地方政府依据《政府核准的投资项目目录》核准，禁止以各种名义在总量控制规模外核准"，"新（扩）建燃煤自备电厂要符合国家能源产业政策和电力规划布局要求，与公用火电项目同等条件参加优选"。

应该说，配套文件较为完善地考虑了电力生产和消费过程中的污染问题，也为清洁能源的接入和发展提供了强大的制度保障。

（5）建立中央地方责任共同体

目前，电力体制改革基本上以省（自治区、直辖市）为单位进行开展，配套文件在多个场合把电力市场运作的最终责任赋予了中央有关部门和省级政府，建立了中央和地方的责任共同体。例如，在配套文件二《关于推进电力市场建设的实施意见》的第五部分"市场运行"中提到，"国家能源局派出机构和地方政府电力管理部门根据职能依法履行省（区、市）电力监管职责"。在自备电厂的管理方面，也规定中央的监管机构和地方政府共同负责。在配套文件六《关于加强和规范燃煤自备电厂监督管理的指导意见》的第九部分"落实责任主体，加强监督管理"中提到，"各省级发改（能源）、经信（工信）、价格、环保等相关部门以及国家能源局派出机构要进一步明确责任分工，加强协调，齐抓共管，形成工作合力，确保自备电厂规范有序发展"，"规范运行改造。各省级发改（能源）、经信（工信）、环保等主管部门会同国家能源局派出机构，按照职责分工对燃煤自备电厂安全生产运行、节能减排、淘汰落后产能等工作以及余热、余压、余气自备电厂运行中的弄虚作假行为开展有效监管"，"财政部驻各省（区、市）监察专员办事处加强对拥有自备电厂企业缴纳政府性基金情况的监督检查。各省级价格、能源主管部门及国家能源局派出机构加强对拥有自备电厂缴纳政策性交叉补贴的监督检查"。

3. 改革的综合推进

电力体制改革过程中有可能发生不可预见的情况，应急管理措施必不可少。更为重要的是，电力体制改革涉及多方利益和多重目标，是当今中国乃至全球最为复杂的体系改革，需要综合平衡、统筹推进。

（1）电力系统应急状态管理

电力系统应急状态管理是配套文件必不可少的内容之一，配套文件汲取了他国的经验和教训，做出了专门的制度安排。

例如，在配套文件二《关于推进电力市场建设的实施意见》的第五部分"市场运行"中提到，"当系统发生紧急事故时，电力调度机构应按安全第一的原则处理事故，无须考虑经济性。由此带来的成本由相关责任主体承担，责任主体不明的由市场主体共同分担。当面临严重供不应求情况时，政府有关部门可依照相关规定和程序暂停市场交易，组织实施有序用电方案。当出现重大自然灾害、突发事件时，政府有关部门、国家能源局及其派出机构可依照相关规定和程序暂停市场交易，临时实施发用电计划管理。当市场运营规则不适应电力市场交易需要，电力市场运营所必需的软硬件条件发生重大故障导致交易长时间无法进行，以及电力市场交易发生恶意串通操纵行为并严重影响交易结果等情况时，国家能源局及其派出机构可依照相关规定和程序暂停市场交易"。

在配套文件四《关于有序放开发用电计划的实施意见》的第六部分"有序放开发用电计划"中提到，"在面临重大自然灾害和突发事件时，省级以上人民政府依法宣布进入应急状态或紧急状况，暂停市场交易，全部或部分免除市场主体的违约责任，发电全部或部分执行指令性交易，包括电量、电价，用电执行有序用电方案"。

（2）局地试点的渐进式改革

本轮电力体制改革采取了先在局部地区试点，总结经验之后，或逐步推广以有序释放改革红利，或及时纠正偏差以合理控制损失和不利影响。配套文件的诸多政策也体现了这一渐进式改革的特点。

配套文件一《关于推进输配电价改革的实施意见》的第三部分"主要措施"中提到，"逐步扩大输配电价格改革试点范围"，"试点方案不搞一刀切，允许在输配电核定的相关参数、价格调整周期、总收入监管方式等方面适当体现地区特点"，"分类推进交叉补贴改革"，"逐步减少工商业内部交叉补贴，妥善处理居民、农业用户交叉补贴"。

配套文件二《关于推进电力市场建设的实施意见》的第一部分"总体要求和实施路径"中提到，"有序放开发用电计划、竞争性环节电价，不断扩大参与直接交易的市场主体范围和电量规模,逐步建立市场化的跨省跨区电力交易机制。选择具备条件地区开展试点,建成包括中长期和现货市场等较为完整的电力市场;总结经验、完善机制、丰富品种,视情况扩大试点范围;逐步建立符合国情的电力市场体系","试点地区可根据本地实际情况,另行制定有序放开发用电计划的路径"。第三部分"主要任务"提到,"不断完善市场操纵力评价标准","确保市场在电力电量平衡基础上正常运行"。第四部分"市场主体"提到,"单位能耗、环保排放、并网安全应达到国家和行业标准。新核准的发电机组原则上参与电力市场交易"。第七部分"组织实施"中提到,"做好试点准备工作。根据实际情况选择市场模式","落实优先购电、优先发电的途径","开展输电阻塞管理。加强对市场运行情况的跟踪了解和分析,及时修订完善有关规则、技术规范","对比分析不同试点面临的问题和取得的经验,对不同市场模式进行评估,分析适用性及资源配置效率,完善电力市场","继续放开发用电计划,进一步放开跨省跨区送受电,发挥市场机制自我调节资源配置的作用","视情况扩大试点范围,逐步开放融合。满足条件的地区,可试点输电权交易。长期发电容量存在短缺风险的地区,可探索建设容量市场","在全国范围内形成竞争充分、开放有序、健康发展的市场体系","探索在全国建立统一的电力期货、衍生品市场"。

　　配套文件三《关于电力交易机构组建和规范运行的实施意见》的第二部分"组建相对独立的交易机构"中提到,"有序组建相对独立的区域和省(区、市)交易机构","鼓励交易机构不断扩大交易服务范围,推动市场间相互融合"。第五部分"组织实施"中提到,"在试点地区,结合试点工作,组建相对独立的交易机构,明确试点交易机构发起人及筹备组班子人选。筹备组参与拟定交易机构组建方案"。

　　配套文件四《关于有序放开发用电计划的实施意见》的第一部分"总体思路和主要原则"中提到,"各地要综合考虑经济结构、电源结构、电价水平、送受电规模、市场基础等因素,结合本地实际情况,制定发用电计划改革实施方案,分步实施,有序推进"。第二部分"建立优先购电制度"中提到,"按照政府定价优先购买电力电量,并获得优先用电保障。优先购电用户在编制有序用电方案时列入优先保障序列，原则上不参与限电，初期不参与市场竞争"。第六部分"有序放开发用电计划"中提到，"根据实际需要，在不影响电力系统安全、供需平衡和保障优先购电、优先发电的前提下，全国各地逐步放开一定比例的发用电计划，参与直接交易，促进电力市场建设"。

配套文件六《关于加强和规范燃煤自备电厂监督管理的指导意见》的第七部分"推进升级改造，淘汰落后机组"中提到，"要因厂制宜，实施节能节水升级改造"。

这些制度安排要么体现了多重目标之间的协调和兼容，要么体现了渐进式的改革策略。此类安排尽管对单个特定目标来说难以令人满意，但对整体改革任务的顺利推进有重要意义。

（二）地方改革方案梳理

在"九号文"及六个配套方案颁布后，地方电力体制改革方案陆续出台，包括电力体制（综合）改革和（配）售电侧改革两类。下面梳理各省（自治区、直辖市）改革所面临的问题和改革的重点任务。进行电力体制（综合）改革（含未批复）的省（自治区、直辖市）包括北京市、山西省、辽宁省、上海市、安徽省、山东省、河南省、湖北省、湖南省、广西壮族自治区、海南省、四川省、贵州省、云南省、陕西省、甘肃省和新疆维吾尔自治区。进行（配）售电侧改革（含未批复）的省（自治区、直辖市）包括黑龙江省、福建省、江西省、广东省和重庆市，此外还有国家计划单列的新疆生产建设兵团。

1. 北京市

北京市电力体制改革主要解决配网投资不足、电网峰谷差大等问题。改革的重点任务包括推进输配电价改革，以"准许成本加合理收益"为原则，以各电压等级输配电资产、成本、输电量和线损率等为基础，核定电网输配电价；设立平衡账户，调节电网企业在监管周期内输配电实际收入与准许收入之间的差额；并制定激励和约束机制，促进电网企业提高服务质量，降低运营成本。推进京津冀电力交易市场建设，开展京津冀区域电力中长期市场交易和现货市场业务，具体包括成立京津冀电力交易机构筹备委员会，确定京津冀电力交易机构组建方案、监管办法、主要业务及业务开展模式等，制订京津冀电力市场建设方案，同时成立市场管理委员会。在清洁电力利用方面，一是推进高效绿色电力送京；二是推进可再生能源发展，提升可再生能源就地消纳能力和利用比例。推进电力辅助服务的市场化和有偿化建设，提高电力系统安全可靠运行水平。推进增量配电业务放开试点，包括鼓励社会资本投资增量配电业务；制定增量配电业务投资与运营的监管办法，建立增量配电业务投资回报和运营保障机制；建立健全增量配电市场主体信用体系，建立增量配电市场风险防范机制等。推进竞争性售电业务放开试点，包括培育售电市场主体，吸引社会资本进入竞争性售电领域；发展能源增值服务；推进大用户、售电主体与发电企业的跨省跨区直接交易；建立健全售电侧管理体系，明确市场主体权责，制定售电公司准入条件与退出机制，制定售电业务监管细则；建立保底供电服务机制，建立健全售电市场主体信用体系，制定售电市场风险防范机制。在改革的同时，需要提高电力需求的调控能力和电力供给的安全保障能力。最后，顺应电动汽车发展的大趋势，推动电动汽车充电设施建设。

2. 山西省

山西省电力体制改革主要解决以下问题：理顺电价形成机制；完善电力市场化交易机制；培育多元市场主体，促进公平竞争；强化科学监管等。

改革的重点任务包括以下几个方面：一是理顺电价机制，包括按照"准许成本加合理收益"分电压等级核定输配电价；有序放开输配以外的竞争性环节电价，分步实现公益性以外的发售电价格由市场形成；妥善解决电价交叉补贴，配套改革不同种类电价之间的交叉补贴。二是拓展省内和省外两大市场，在省内市场，应激活用电市场，提高电力消纳能力；在现有大用户直接交易的基础上，不断扩大参与电力直接交易的市场主体范围和交易规模；在省外市场，应争取外送通道建设和电量配额政策，完善省际沟通合作机制，推进跨省跨区电力交易，融入全国电力市场体系，不断扩大省外送电规模。三是实现"三个规范"：规范交易机构的运营，完善其市场功能；规范市场化售电业务，明确售电主体范围和准入标准；规范自备电厂管理。

3. 辽宁省

辽宁省电力体制改革需解决如下问题：一是逐步理顺电价形成机制，加快构建有效竞争的市场结构和市场体系，按照"管住中间、放开两头"的体制架构，有序放开输配以外的竞争性环节电价；二是有序向社会资本放开配售电业务；三是有序放开公益性和调节性以外的发用电计划；四是推进交易机构相对独立、规范运行，在发电侧和售电侧开展有效竞争，着力构建主体多元、竞争有序的电力交易格局，促进经济社会发展；五是进一步强化政府对电力行业统筹规划和监管职责，确保全省电力系统安全稳定运行等。

改革的重点任务包括：第一，理顺电价机制。开展输配电价摸底测算，进一步开展输配电价成本调查，全面摸清辽宁电网输配电资产、成本和企业效益情况。稳妥推进发售电价格市场化。发电企业用户、售电主体通过电力市场交易的电量，其价格通过自愿协商、市场竞价等方式自主确定。参与电力市场交易的用户购电价格由市场交易价格、输配电价（含线损）、政府性基金及附加三部分组成，要妥善处理电价交叉补贴。第二，推进电力交易体制改革。完善市场化交易机制，规范和明确市场主体，促进市场主体开展多方直接交易，鼓励建立长期稳定的交易机制，建立辅助服务分担共享新机制，积极参与跨省跨区电力市场交易。建立相对独立的辽宁电力交易中心，完善电力交易机构的市场功能，改革和规范电网企业运营模式。第三，有序放开发用电计划。完善发用电管理机制，合理确定电量计划的放开比例；建立优先购电、优先发电制度；进一步提升供需平衡保障水平。第四，放开配售电市场，多途径培育市场主体，建立市场主体准入和退出机制，鼓励社会资本投资配电业务，赋予市场主体相应的权责。第五，加强监管，科学规范自备电厂管理，加强和规范自备电厂监督管理，承担社会责任、调峰义务；加快自备电厂升级改造步伐。加强电力统筹规划和科学监管，切实加强电力行业统筹规划，切实加强电力行业及相关领域科学监管，减少和规范电力行业的行政审批，建立健全市场主体信用体系，抓紧修订地方电力法规。

4. 上海市

上海市电力体制改革需要解决两方面问题：第一，电力交易机制尚不完善，运用市场化机制引导配置资源的能力还有明显的不足。上海市内机组发电的安排基本按计划来实施，市外售电以国家计划为主；在保障上海市电力供应的同时，也出现了外来电计划外调增、调减不受控、且送沪电力与本市需求不匹配、本市电网低谷调峰困难加剧、产生新的安全隐患等矛盾。第二，电价体系尚待理顺。当前的电力价格未能及时反映供需变化，未能体现电力市场辅助服务的价值。

改革的主要目标是围绕建立健全"有法可依、政企分开、规范透明、公平合理、权责一致、监管有效"的电力体制，以市场化改革为主线，坚持安全可靠为先，坚持与优化上海能源结构调整相结合，积极探索交易机制，逐步理顺价格形成机制，促进高效、多元、清洁的电力供应，提升城市电力供应安全保障水平。改革的主要内容包括组建上海电力交易中心，逐步完善电力市场交易机制；以及实施抽水电量集中竞价交易，推进电力市场建设。

5. 安徽省

安徽省电力体制改革需解决如下问题：电力行业仍存在电价形成机制不够完善、市场有效竞争不够充分、清洁能源和分布式能源发展机制不够健全等问题；亟须通过实施电力体制综合改革，建立健全以市场化为导向的能源体系,促进电力与煤炭等相关产业协调健康发展。

改革的重点任务包括：加快推进输配电价改革，如测算输配电价,明确政府性基金附加和交叉补贴；健全电网企业约束和激励机制，促进电网改进管理、降低成本、提高效率；放开竞争性环节电价，分步实现公益性以外的发售电价由市场形成。建立市场化交易机制，完善省内电力直接交易机制，适时建立现货交易机制，探索建立市场化的辅助服务分担机制；建立相对独立的电力交易机构，对现有的交易中心进行股份制改造，将原来由电网企业承担的交易业务与其他业务分开，明确工作规则，明确交易机构职责，并设立市场管理委员会。有序推动发电计划改革，以资源消耗、环境保护为主要依据，坚持节能减排、资源综合利用和清洁能源优先上网的原则建立优先发电制度，制订放开发电计划实施方案。加强电力需求侧管理，制订完善有序用电方案，保障优先购电权，提升应急响应水平。稳步推进售电侧改革，如培育多元化售电主体和鼓励社会资本投资增量配电业务。建立分布式电源发展新机制。加强电力统筹规划管理，如建立市场主体信用评价制度，加强电力行业科学监管等。

6. 山东省

山东省电力体制改革主要解决的问题包括：生产环节中单一的计划管理体制、销售环节中统一的政府定价机制及运营领域中统购统销的垄断经营模式越来越不适应市场经济发展的需要；在电力资源配置中市场机制尚未发挥决定性作用；在发电侧和售电侧等竞争性领域及环节没有形成有效竞争，市场主体活力尚未充分释放；在政府统筹规划、依法监管、维护行业秩序方面亟待改进和加强。

改革的主要任务包括：第一，有序推进电价改革，理顺电价形成机制，开展输配电价测算核定，分步推进发售电价格市场化，妥善处理电价交叉补贴。第二，推进电力交易体制改革，完善市场化交易机制。例如，规范市场主体准入标准，建立相对稳定的中长期电力市场交易机制，完善跨省跨区电力交易机制，建立有效竞争的现货交易机制，完善电力市场辅助服务机制。第三，组建相对独立的电力交易机构，形成公平规范的市场交易平台。组建山东电力交易中心，完善电力交易中心功能；设立市场管理委员会；改革和规范电网企业运营模式。第四，推进发用电计划改革，更多发挥市场机制的作用。有序放开发用电计划，建立优先发电制度，加强电力需求侧管理和电力应急机制建设。第五，稳步推进售电侧改革，有序向社会资本放开售电业务。鼓励社会资本投资新增配电业务，建立售电主体准入和退出机制，多途径培育售电主体，赋予售电主体相应的权责。第六，开放电网公平接入，建立分布式电源发展新机制。第七，加强监管和规范。例如，加强和规范自备电厂监督管理，推动自备电厂转型升级；加强电力统筹规划和科学监管，提高电力安全可靠水平。

7. 河南省

河南省电力体制改革主要解决的问题包括：电网发展能力相对不足，尤其是农村电网建设滞后，资金压力巨大，迫切需要通过改革引进社会资本，加快电网发展。随着经济进入新常态，经济下行压力巨大，通过市场化改革，引入竞争降低成本，增强工业企业竞争能力，成为现实需要。

改革的主要任务包括以下几个方面：第一，组建和规范运行相对独立的电力交易机构。组建河南电力交易中心，明确河南电力交易中心职能，成立电力市场管理委员会。第二，推进输配电价改革。开展输配电价摸底测算，做好输配电定价成本监审工作，核定分电压等级输配电价，明确过渡期间电力直接交易的输配电价政策。第三，开展售电侧改革试点。培育售电市场主体，赋予售电市场主体相应的权责，稳步推进市场化交易，探索社会资本投资增量配电业务的有效途径，建立保底供电服务制度。第四，推进电力市场建设。建立优先购电制度，建立优先发电制度，有序放开发用电计划，建立完善电力市场交易机制，研究探索跨省跨区电力市场交易机制，建立辅助服务分担共享新机制，建立市场风险防范和应急处置机制，建立健全电力市场主体信用体系。第五，加强和规范燃煤自备电厂监督管理。科学规范自备电厂建设，加强自备电厂运营管理，推动综合利用和燃煤消减，推进自备电厂升级改造和淘汰落后机组，积极支持具备条件的自备电厂有序参与市场交易，积极发展分布式电源。第六，加强电力统筹规划和科学监管。切实加强电力行业，特别是电网的统筹规划，开放电网公平接入，优先发展可再生能源，实施科学有效监管。

8. 湖北省

湖北省电力体制改革需要解决如下问题：一是用电水平偏低但用电成本偏高；二是电力市场竞争机制不完善，资源利用效率不高；三是发电企业和电力用户之间的交易有限，未形成配售电市场；四是价格关系没有理顺，市场化定价机制尚未形成；五是电力规划协调机制缺失，监管体系不健全。

改革的重点任务包括以下几个方面：有序放开发用电计划，建立优先发购电制度以保障公共服务、民用等用电需求。在支持清洁能源发电方面，提升清洁能源的市场竞争力，保障并网消纳，落实优先发电制度；开展绿色调度，全额收购可再生能源发电；鼓励替代燃煤自备电，支持分布式能源发展。在电力规划管理方面，规范燃煤热电联产项目建设管理；提高电力资源配置能力；补齐电力发展短板，加强农网发展；强化需求侧管理；提高供电服务的质量和水平。在电力市场建设方面，制定市场主体的准入标准，组建湖北省电力交易市场管理委员会以维护市场的公平、公正和公开；成立相对独立的交易机构，将原来由电网企业承担的交易业务与其他业务分开，明确工作界面和工作流程，搭建公开透明、功能完善的电力交易平台；建立相对稳定的中长期交易机制，开展现货交易、跨省跨区电力交易的研究。在放开售电侧方面，培育多元化售电侧市场主体；明确售电主体权责；建立售电市场准入退出机制；探索售电试点项目和区域；鼓励社会资本投资增量配电业务。在输配电改革方面，科学核定输配电价，进一步加强对电网企业的监管，完善电网准许成本科学核定机制；对电网企业建立激励与约束机制，设立平衡账户，调节电网企业监管周期内输配电实际收入与准许收入之间的差额；逐步放开竞争性环节电价；妥善处理交叉补贴。在市场监管方面，强化电力行业统筹规划，强化电力行业科学监管，建立健全市场主体信用体系。

9. 湖南省

湖南省电力体制改革需要解决的问题包括：用电成本在全国处于较高水平，亟须降低电力价格缓解企业压力和保障民生；电力供需矛盾突出，窝电和缺电现象并存；节能、高效、环保的火电机组不能得到充分利用，部分时段、部分区域出现弃水弃风现象，需要拓展市场空间；多网并存导致电力建设缺乏统筹规划，存在市场无序竞争、电网重复建设、电网不能公平开放接入等问题；电力规划制定机制尚不完善，政府监管职能转变尚未完全到位。

改革的主要任务包括以下几个方面：一是电价改革，开展输配电价测算核定，按照"准许成本加合理收益"原则，核定电网准许总收入和分电压等级输配电价；明确交叉补贴；推进发售电价市场化，鼓励放开竞争性环节电力价格。二是电力交易市场建立，以省为输配主体，不断完善市场模式，扩大市场范围；逐步建立电力市场，建立完善交易规则；探索多种交易模式，鼓励市场主体参与。建立省级电力交易机构，组建相对独立的湖南电力交易中心，搭建公开透明、功能完善、规范运行的电力交易平台，交易中心在财务上独立核算、自负盈亏，由国家电网划拨经费；交易中心主要负责市场交易组织，调度机构主要负责实时平衡和系统安全；设立市场管理委员会参与电力市场相关的重大议题决策。三是发用电计划改革，在确保电力系统安全、供需平衡的情况下推进发用电计划改革，建立优先购电、优先发电、保底供电、保障性发电制度；积极推进电力直接交易，有序放开发用电计划。四是售电侧改革，选择首批试点区域，多方培育市场主体，放开相关电力计划，鼓励投资增量配电业务。五是电力市场统筹监管，推进燃煤自备电厂改革，允许自备电厂并网，保障电网无歧视接入，要求统一调度；鼓励市场主体参与市场交易，承担并足额缴纳政府性基金及政策性交叉补贴。

10. 广西壮族自治区

广西壮族自治区电力体制改革主要解决以下问题：电价传导机制

不顺；市场化的价格形成机制不健全，电力直接交易机制没有有效建立；输配电改革亟须推进；地方电网问题突出，如推高电价、主辅不分、厂网不分、无序竞争、重复建设等。

改革的重点任务如下：推进电价改革，包括按照"准许成本加合理收益"原则，分别核定电网企业准许总收入和分电压等级输配电价；电网企业按照政府核定的输配电价收取过网费;建立对电网企业投资、成本控制、服务质量的激励和约束机制，完善监管制度；分类推进交叉补贴改革；鼓励电力直接交易。推进电力市场建设，包括完善电力直接交易制度，规范市场主体准入标准，直接交易双方自主定价，直接交易电量和容量不再纳入发用电计划，建立线上、线下电力交易撮合机制及中长期交易、现货交易的交易机制，鼓励交易双方建立长期稳定的交易机制；组建相对独立的电力交易机构和市场管理委员会。推进售电侧改革，包括放开售电侧市场，以开放增量配电投资业务为主；加强售电侧市场监管，规范售电侧市场主体条件、责任和义务，明确售电侧市场主体的市场准入和退出规则，建立售电侧市场主体信用体系；电网企业无歧视地提供供电服务，履行保底供应商义务；多途径培育售电主体等。有序放开和缩减发用电计划。推进电网改革，包括厂网分开，主辅分离；整合主电网和地方电网的相关资产；推动地方电网企业转型为配售电企业。电网电源管理，包括电网规划建设管理，优化电源布局，加强能源资源管理和严格自备电源管理。

11. 海南省

海南省电力体制改革主要解决以下问题：电力交易总量小，发电侧发电主体少，市场竞争难以形成；配售电及投资主体单一，售电侧竞争机制尚未建立；电力系统峰谷差不断加大，系统安全运行压力增大；独立的输配电价机制尚未形成等。

改革的主要任务包括：以大用户直接交易为突破口，逐步推动电力市场体系的建立。有序推进电价改革，完善电价形成机制。稳步推进售电侧改革，有序向社会资本放开配售电业务。引导电力用户实施需求侧管理，确保系统安全稳定运行，如开展电力需求侧响应，通过削峰或移峰填谷，平抑电网峰谷差，建立辅助服务分担共享新机制。健全政府管理方式。

12. 四川省

四川省电力体制改革需要解决以下突出问题：电力配售体制复杂，供电主体服务能力参差不齐，部分地区电力基础设施建设滞后，电力服务质量有待提高。作为中国最大的水电基地，四川省丰水期弃水弃电问题日益严重。电力市场化交易机制和电价市场化形成机制尚未健全完善，电价难以反映用电成本和市场供求，易导致电力资源配置的扭曲。

改革的重点任务包括以下几个方面：在电力价格改革方面，有序推进输配电价摸底测算和成本监审；结合电价改革进程，妥善处理电价交叉补贴；探索建立公益性以外的发售电价格由市场形成机制；探索两部制定价机制。在电力市场建设方面，完善电力市场化交易机制，规范和明确市场主体准入标准，分阶段有序推进电力市场建设，完善电力市场辅助服务交易机制，完善跨省跨区电力交易机制；组建相对独立的电力交易机构，组建股份制四川电力交易中心，对现有的交易中心进行股份制改造，搭建电力交易平台，组建电力市场管理委员会，科学界定电力交易机构和电力调度机构的职能职责。在发用电计划改革方面，建立优先购电制度，细化完善四川省的有序用电方案；建立优先发电制度，通过充分安排年度发电量计划严格执行予以保障；建立健全电力电量平衡机制，探索有序放开发用电计划。在放开售电侧方面，积极培育配售电业务主体，开展社会资本投资增量配电业务试点，引导售电侧市场主体积极参与市场交易，探索建立售电侧市场主体准入和退出机制。在政府统筹监管方面，加强和规范燃煤自备电厂管理，承担社会责任，科学规划建设，鼓励参与市场交易。

13. 贵州省

贵州省电力体制改革主要解决以下问题：价格关系没有理顺，市场化定价机制尚未完全形成；市场化交易机制尚待完善，市场配置资源效率不高；配售电及投资主体单一，售电侧竞争机制未建立；现行"西电东送"面临供需矛盾和市场化挑战，定价机制需要进一步完善等。

改革的重点任务包括：输配电价改革，以转变政府输配电价监管方式、改革和规范电网运营模式为主。电力市场建设，以规范和明确市场主体、引导市场主体开展多方直接交易、建立中长期稳定的交易机制、建立相对独立的市场交易平台、建立跨省跨区电力交易机制为主。售电侧改革，以培育售电业务主体、解除地方电力代管体制、推进义兴售电侧改革试点、放开增量配点投资业务、开展贵安新区配售电侧改革试点为主。

14. 云南省

云南省电力体制改革主要解决以下问题：电力市场交易机制缺失，资源利用效率不高；价格关系没有理顺，市场化定价机制尚未完全形成；政府职能转变不到位，各类规划协调机制不完善；分布式电源发展机制不健全，新能源和可再生能源开发利用面临困难；"电矿结合"的发展目标未能实现等。

改革的重点任务体现在以下几个方面：有序推进电价改革，理顺电价形成机制，包括单独核定输配电价、分步实现公益性以外的发售电价格由市场形成、妥善处理电价交叉补贴等。推进电力交易体制改革，完善市场化交易机制，包括规范市场主体准入标准、引导市场主体开展多方直接交易、鼓励建立长期稳定的交易机制、建立辅助服务分担共享新机制、积极参与跨省跨区跨境电力市场交易等。明确电力市场主体的功能，建立相对独立的电力交易机构，形成公平规范的市场交易平台，包括定位电网企业功能、改革和规范电网企业运营模式、组建和规范运行电力交易机构、完善电力交易机构的市场职能等。推进发用电计划改革，包括有序缩减发用电计划，完善政府公益性、调节性服务功能，进行需求侧管理等。稳步推进售电侧改革，有序向社会资本放开配售电业务，包括鼓励社会资本投资配电业务、建立市场主体准入和退出机制、多途径培育市场主体、赋予市场主体相应的权责等。建立分布式电源发展新机制，包括积极发展分布式电源、完善并网运行服务、加强和规范自备电厂监督管理、全面放开用户侧分布式电源市场等。加强电力统筹规划和科学监管,提高电力安全可靠水平,包括切实加强电力行业特别是电网的统筹规划、切实加强电力行业及相关领域的科学监管、建立健全市场主体信用体系、抓紧修订地方电力法规。

15. 陕西省

陕西省电力体制改革主要解决的问题包括:市场在电力资源配置中的作用尚未得到充分发挥,售电侧有效竞争机制尚未建立,发电企业和用户之间的市场交易规模有限;电网公平开放机制尚未建立,新能源的接入和消纳受到制约;主要由市场决定的电力价格机制尚未完全形成,电力企业成本约束机制不健全,电力商品价值属性难以体现;电力规划与其他规划的衔接还不到位;立法修法工作相对滞后,制约了电力市场化改革和健康发展。

改革的主要任务包括:第一,发挥市场机制的作用,有序缩减发用电计划,保障公益性、调节性发用电需求,建立优先发电机制。第二,推进电力交易体制改革,组建陕西电力交易中心,明确电力交易中心职责,设立市场管理委员会。开展市场化交易,规范市场主体准入标准,引导市场主体开展多方直接交易,鼓励建立长期稳定的交易机制。建立辅助服务分担共享新机制。开展跨省跨区电力直接交易试点。第三,推进输配电价改革,完善市场定价机制,制订输配电价改革试点方案,开展输配电价成本监审工作,推进电价交叉补贴改革,完善输配电价管理政策。第四,稳步推进售电侧改革,有序向社会资本放开售电业务,鼓励社会资本投资增量配电业务,明确售电放开的市场准入条件,多途径培育市场主体,明确市场主体权责。第五,开放电网公平接入,建立可再生能源发展新机制,积极发展可再生能源和分布式能源,完善并网运行服务,全面放开用户侧分布式电源市场,加强和规范自备电厂建设管理。第六,加强电力统筹规划和科学监管,提高电力安全可靠水平,切实加强电力行业特别是电网的统筹规划,切实加强电力行业及相关领域科学监管,建立健全市场主体信用体系,减少和规范电力行业的行政审批。

16. 甘肃省

甘肃省电力体制改革主要解决的问题包括：电力消纳能力不足，外送通道不畅，全省电力电量严重富余；发电设备利用小时连续下降、新能源弃风弃光等问题凸显；价格关系没有理顺，市场化定价机制尚未完全形成。

改革的重点任务包括：扩大电力直接交易规模，在已开展大用户电力直接交易的基础上，逐步扩大发电企业、售电主体和用户准入范围；在继续扩大省内电力直接交易电量规模的基础上，积极推进跨省跨区电力直接交易。在售电侧改革中，培育多元化售电主体，逐步向符合条件的市场主体放开增量配电投资业务，赋予市场主体相应的权责；允许符合条件的售电主体直接购电，建立市场主体准入和退出机制，形成有效的市场结构和市场体系；同时，切实加强监管，保障各相关方的合法权益。在促进可再生能源发电方面，落实可再生能源发电全额保障性收购制度，探索形成可再生能源参与市场竞争的新机制，积极采取参与电力直接交易、置换自备电厂发电权、新能源清洁供暖示范、价格政策、推动需求发展等多种举措促进新能源消纳。在输配电价改革方面，在国家统一指导和组织下，开展输配电定价成本监审工作，推进输配电价改革。

17. 新疆维吾尔自治区

新疆维吾尔自治区电力体制改革主要解决的问题包括电力交易机制缺失，资源利用效率不高；价格关系没有理顺，市场定价机制尚未完全形成；全疆未形成统一电网，不利于统筹调度；自备电厂装机规模大，系统调峰能力不足；可再生能源开发利用面临困难，市场消纳能力不足。

改革的重点任务罗列如下：一是推进输配电价改革，全面调查电网输配电资产、成本和企业经营情况；按照"准许成本加合理收益"原则确定电网准许总收入和分电压等级输配电价；做好输配电价成本监审；建立电力普遍服务补偿机制；摸清交叉补贴现状，研究探索电价交叉补贴额度的平衡补偿机制，改革不同种类电价之间的交叉补贴。二是推进电力市场建设，明确交易机构职能；成立新疆电力交易中心，为所有市场主体提供规范、公开、透明的电力交易服务；成立市场管理委员会，主要负责研究讨论交易机构的章程、交易和运营规则，协调电力市场相关事项等。三是建立和完善电力市场交易机制，制定电力市场交易的基本规则和监管办法；制定并完善中长期电力市场交易机制；建设与现货市场相配套的电力市场交易支持系统；探索建立电力市场信用体系。四是有序推进发用电计划改革，建立优先发电和购电制度；开展有序用电工作，优先保障居民等用电需求；制订放开发用电计划实施方案。五是推进售电侧改革，重点在于培育多元化售电主体；创新售电业务市场准入机制，鼓励社会资本投资增量配电业务等。六是建立新能源电源发展新机制，提高电力系统消纳新能源的能力，提高清洁能源的利用率。七是加强电力统筹规划和科学监管，加强和规范自备电厂的建设与运营管理；逐步形成统一电网。

18. 黑龙江省

黑龙江省新增电力用户的需求较大，地方政府对售电侧改革的意愿较强。改革的重点任务包括：在开放电网公平接入的同时，放开新增配网建设，并对新增电量放开发用电计划，提高发电端和售电端的市场化交易水平，探索和完善市场化条件下交易机构的运行方式。

19. 福建省

福建省售电侧改革亟须解决如下问题：第一，参与售电市场的主体还有待激发；第二，售电侧改革与电价改革、交易体制改革、发用电计划改革等尚不协调；第三，大用户直购电规模不够大；第四，售电公司对市场预期不明；第五，电网企业面临劳动分配率提高的压力。

售电侧改革将从以下几个方面着手：积极培育多元化售电市场主体，多种方式发展增量配电投资业务；全面放开电力用户购电选择权；规范市场行为，构建公平公正、有序竞争的售电市场运行机制，初步建立"多买方、多卖方"的售电市场结构和体系；激发售电市场活力，提升售电服务和供电质量水平；推动全省配售电行业清洁、高效、安全和可持续发展。

20. 江西省

江西省售电侧改革以临空经济区为试点，亟须解决供电能力缺口较大、配网需重新规划建设、供电存在多头管理、电力协调存在困难等问题。改革的重点任务包括：向社会资本开放售电业务，积极培育售电市场主体；明确售电市场主体权责，建立市场准入和退出机制。放开试点地区增量配网，组建混合所有制配电公司，建立保底供电服务制度。完善电力交易机制和管理，建立健全电力交易机制；加强电力需求侧管理，推进电力信用体系建设。创新能源综合管理模式，实行差异化供电模式。强化政府对电力市场的监管。

21. 广东省

广东省售电侧改革要求：逐步向社会资本开放售电业务，多途径培育售电侧市场主体，给电力用户用电选择权。提升售电服务质量，推动电力需求侧管理，提升能源利用效率和用户用能水平。形成电力生产者和用户的互动，提高用户的参与度，引入互联网、节能服务等技术，发挥市场配置资源的决定性作用。

改革的重点任务包括以下几个方面：第一，加快培育售电市场主体。允许符合条件的高新产业园区或经济技术开发区，供水、供气、供热等公共事业公司和节能服务公司，以及发电企业等组建售电主体，鼓励社会资本投资成立售电主体；允许电网企业组建独立法人、独立运作的售电公司；分等级、分步骤地放开售电业务。第二，明确售电市场主体权责。电网企业无歧视地向售电主体及其用户提供供电服务，按规定履行保底供应商义务；电力交易机构负责全省电力市场交易组织，提供结算依据和相关服务；售电主体可采取多种方式购电。第三，构建完善的电力市场体系。逐步放开电力用户参与直接交易；鼓励用户和售电商建立长期稳定的交易关系；引入新机制，建立竞争有序、保障有力且有利于售电公司发展的市场体系；完善电力市场交易技术支持系统，满足市场交易、监督管理和应急干预的需要。第四，建立电力需求侧市场。完善全省电力需求侧管理实施方案，建设全省电力需求侧管理平台，研究构建全省需求响应技术支持平台。第五，形成售电市场主体准入和退出机制。明确售电市场主体的市场准入、退出程序和规则；加强售电市场信用体系建设与风险防范。第六，适时建立保底供电服务机制。第七，探索新的供电营业区管理模式。保障向电力用户的安全供电和保护其合法权益，落实保底供电服务制度；对供电营业区的设立、变更实行特许经营制度；同一供电营业区内可以有多个售电公司，但仅有一家公司拥有该配电网经营权，并提供保底供电服务；同一售电公司可以在多个供电营业区开展售电业务。第八，加强电力市场监管。制定交易合同示范文本，规范市场主体交易行为；探索交易保证金等制度，研究建立零售市场风险防范机制；制定零售市场监管办法。

22. 重庆市

重庆市配售电改革要求有序向社会资本开放配售电业务，培育配售电侧市场竞争主体等。改革的重点任务包括以下几个方面：第一，明确配售电市场主体职能。允许符合条件的高新产业园区或经济技术开发区，供水、供气、供热等公共事业公司和节能服务公司，以及发电企业等组建配售电主体；同一供电营业区可有多个售电公司，同一配售电公司可在多个供电营业区售电；同一供电营业区只有一家售电公司拥有配电网经营权。第二，制定配售电服务及交易市场秩序。配售电公司采取多种方式通过电力市场购电；对市场交易主体采用核准和注册制，符合市场准入条件的电力用户，赋予电力交易的自主选择权；设立配售电主体的准入和退出机制；放开增量配网投资建设业务，现有和新增电网须无条件向用户公平无歧视开放，鼓励发展用户侧分布式电源。第三，推进输配电价改革。以核定的电力直接交易输配电价为基础，按"准许成本加合理收益"原则测算电网分电压等级输配电价；用户或售电主体按其接入的电压等级所对应的输配电价支付过网费；逐步放开竞争性环节电力价格，实现发售电侧价格由市场形成。第四，加强市场监管。建立完善的监管组织体系，制定交易合同示范文本，规范市场主体交易行为，加强配售电市场信用体系建设和风险防范，探索交易保证金制度，建立零售市场风险防范机制。

23. 新疆生产建设兵团

新疆生产建设兵团售电侧改革旨在通过电力购销市场化平衡，切实解决区域电力供需、稳定及质量方面存在的问题；改善区域经济发展与电价之间的矛盾；市场化调节区域保底供电以外的竞争性环节电价，还原电力商品属性；提高售电服务质量和用户用能水平；逐步实现电力体制改革。

改革的重点任务包括以下几个方面：第一，明确市场主体职能。电网企业负责收费、结算，归集交叉补贴，代收政府性基金。售电公司以服务用户为核心，以经济、优质、安全、环保为经营原则，实行自主经营、自担风险、自负盈亏、自我约束等管理模式，逐步开展增值业务。第二，完善市场交易机制。建立售电业务准入和退出机制；完善用户准入和退出条件，允许公益性和调节性以外的用户自愿参与电力市场化交易；引导市场主体开展多方直接交易，符合准入条件的发电企业、售电公司和用户均具有自主选择权。第三，理顺价格形成机制。参与电力市场交易的用户购电价格为配电网外购电价格 = 与发电企业的交易价格 + 对应配电网电压等级的输电价格（含交叉补贴）+ 配电价格 + 售电公司合理成本及回报 + 政府性基金，配电网内购电价格 = 与发电企业的交易价格 + 配电价格 + 售电公司合理成本及回报 + 政策性交叉补贴 + 政府性基金；与发电企业的交易价格和售电公司合理成本及回报由市场竞争形成；对应配电网电压等级的输电价格（含交叉补贴）按"准许成本加合理收益"核定。第四，放开配售电业务。鼓励社会资本投资运营增量配电网；加强配电网统筹规划。在售电侧，积极培育多元化的市场竞争主体，鼓励发电公司及社会资本投资成立售电公司；拥有分布式电源的用户，供水、供气、供热等服务行业，以及节能服务公司等均可从事市场化售电业务。第五，有序推进发用电计划改革。坚持民生用电供给，建立优先购电制度，保障居民、农业、重要公用事业和公益性服务用电计划；建立优先发电制度，坚持节能减排和清洁能源优先发电上网；有序缩减发用电计划。第六，强化监管机制。建立信息公开机制；建立市场主体信用评价机制；强化信用评价结果应用；建立科学监管机制。

三　改革成效的初步评估

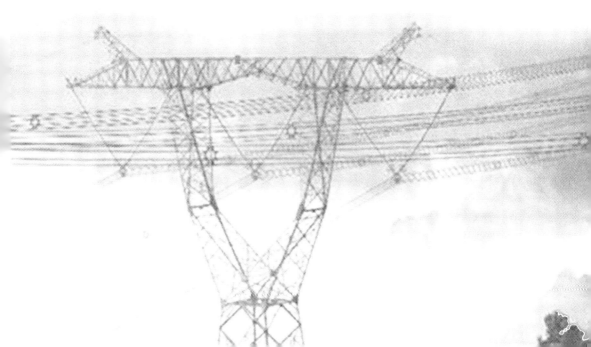

（一）电力体制改革的总体评估

本轮电力体制改革考虑了市场机制与非市场机制对电力行业的不同影响，区分了电力市场的竞争性领域和非竞争性领域，充分体现了改革的专业性与政策性。同时，继承了中国式改革有序、渐进和尝试的特点，采取地区试点和经验总结的方式，既可以及时纠正偏差以合理控制损失，又可以逐步推广以有序释放改革红利。此外，本轮电力体制改革还汲取了国际电力体制改革的经验与教训，以期有效预防改革后电价的剧烈波动。

本轮电力体制改革将带来三大改革红利：一是通过市场优胜劣汰，在发电侧优化电源结构，以高效率机组替代低效率机组；通过政府之手，进一步发展清洁能源和分布式能源发电。市场与政府双管齐下，提高电力生产效率，降低发电煤炭消耗，减少电力生产过程中的污染。二是打破现行的"独买独卖"模式，使电网"高速公路化"，对电网服务实施"成本加成定价"；同时，实行有效监管，获取垄断效率提升的红利。三是理顺电力价格形成机制，在竞争性领域充分发挥市场机制的作用，减少电力交易过程中的效率损失，实现价格改革红利。

一般来说，可以从以下三个方面评价电力体制改革的成效：第一，确保有电用，满足全社会对电力的需求；第二，电力生产过程中产生的污染水平可以接受；第三，电价变化对企业和居民的影响不能太大。考虑到电力输配环节的自然垄断特征，政府对输配电价的核准和对电网企业的监管是否有效也是电力体制改革评价的重要内容。另外，由于电力是重要的投入品，在我国的政策背景下，也要考虑电力行业的改革目标是否和其他政策目标相冲突。

实现电力体制改革的三重目标存在某种程度上的"不可能三角"。第一，确保电力供给，满足企业和居民的用电需求，可以通过大量投资建煤矿、建电厂、建输配线路来达到目标。第二，控制电力生产过程中的污染水平，可以通过提高非化石能源比重，建设高效率机组，减少煤炭使用；通过脱硫脱硝和碳捕捉等技术来降低二氧化硫等本地污染物及二氧化碳的排放。第三，控制电力价格波动的影响，通过尽量使用低成本的煤炭和技术，不额外投资减少污染所需要的设备和技术，而通过发电市场的充分竞争和自然垄断环节的政府严格管制来确保合理的电力价格。以上三者中同时实现两个目标并不困难。例如，确保"一"和"二"是可以做到的，办法之一就是使用生产成本较高，但污染较少的新能源，辅之以火电中使用环保倾向的技术和措施。类似地，"二"和"三"也是可以兼顾的，办法是使用清洁且成本较低的能源。"一"和"三"同时实现也很容易，通过建设低成本的火电即可。但是，很难找到一种电源结构和体制来确保"既有电用，又没有污染，电力价格还便宜"这三个目标同时实现，因而说存在"不可能三角"（图 3-1）。

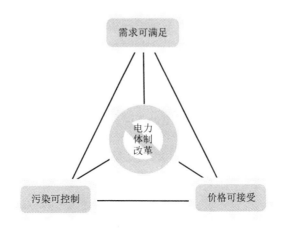

图 3-1　电力体制改革中的"不可能三角"

在确保电力供应的前提下，我们能否有一个"既能、又能、还能"的打破"不可能三角"、兼顾各种目标的改革方案？若没有，政策目标的优先顺序为何？完成这些目标需要的配套措施有哪些？我们认为，本轮电力体制改革的目标是在确保电力供应的同时，首要解决污染问题，其次是价格水平高低问题，是否维持交叉补贴和普遍服务是额外的政策选择。不难看出，本轮电力体制改革方案的优点是消除电网垄断势力的延伸，加大了发电和售电环节的竞争。表 3-1 总结了本轮电力体制改革可解决和尚未解决的问题，一个突出的成果是"工商业电价下降"，缓解了企业的生产压力；一个突出的矛盾是降低用电成本与国民经济产业结构调整的目标相悖；而亟待解决的环境污染问题则继续搁置。

表 3-1　新一轮电力体制改革可解决和尚未解决的问题

目标	电力供应	污染治理	价格水平	交叉补贴、普遍服务	产业结构调整	有效监管
现行体制	保障	不足	管制	存在	无影响	不足
改革方案	保障	不足	工商业电价下降	存在	恶化	不足

除上述多重目标之间的冲突外，电力体制改革牵涉到众多利益相关方，既有可以分得改革红利的收益方，也有因改革而面临危机的受损方。本轮电力体制改革对电力供给侧和需求侧相关主体及政府有不同的影响。

表 3-2 总结了本轮电力体制改革对电力供给侧的影响。

表 3-2　新一轮电力体制改革对电力供给侧的影响

主体		目标函数	约束条件	改革方向	可能的影响
发电企业	火电	利润最大化	成本议价能力市场竞争	议价能力上升	价格上升，发电量不确定
				市场竞争加剧	价格下降，发电量不确定
	新能源	利润最大化	成本	补贴新能源	对价格和发电量的影响不确定
	调节性电厂	调峰调频	成本	—	—
		电力供应保障	技术		
电网企业		普遍服务	成本	新增配电放开	规模变小
		供电安全	技术	售电剥离	电网"高速公路化"
		利润最大化	议价能力	政府核定过网费	保险功能（蓄水池）
售电企业		利润最大化	准入限制	售电市场放开	收益增加

一是对发电企业的影响。对发电企业而言，发电计划的取消意味着效率较高的企业能多发多卖，获得更高的收益。在竞争性市场中，发电企业靠优质、低价的电力竞争。水电、坑口煤电、核电等发电成本低的企业将最先受益；而煤电企业在当前低碳环保、电力供大于求的背景下，内部盈利能力出现分化，大型机组盈利逐步提升、中小型机组盈利逐步下降是行业"新常态"。

二是对电网企业的影响。成本加成的输配电价虽然可能造成电网的过度投资，但也可能激励电网增加售电量。此外，根据市场规模核定一个确保收益的机制，虽然收益率不高，但是收益稳定，会鼓励存款性投资机构，如社保基金、固定收益基金和一些比较保守的投资者进入该领域。

三是对售电企业的影响。在负责配售电的过程中，企业要承担一定的调度角色，这为企业在所负责区域里建设自己的发电企业创造了天然优势。

四是对电力用户的影响（表3-3）。新一轮电力体制改革对用户更加有利。在竞争性市场下，用户拥有了电力服务的选择权，对于服务差的售电方可以"用脚投票"。尤其是用电大户，在与售电方的谈判中将获得更大的优势，享受到低廉灵活的电价。

表 3-3　新一轮电力体制改革对需求侧的影响

主体	目标函数	约束条件	改革方向	可能的影响
企业	电力供应稳定 低成本电价	议价能力	供电市场结构改变，竞争加剧	经营性电价下降，用电成本下降
				电价下降（大用户直供）
			电力价格形成机制改变	全成本定价：电价上升
				燃料成本变动：电价不确定
				取消交叉补贴：电价下降
居民	电力供应稳定 低成本电价	议价能力缺乏选择权	政府定价	取消交叉补贴：电价上升
				不取消交叉补贴：电价不确定，但有更多选择
偏远地区	电力可获得性 低成本电价	供电设施	保留公益性发用电计划	普遍服务

五是对可再生能源发展的影响。近年来，可再生能源发电并网的比例越来越大，使发电侧和用电侧具有双侧随机性，电力系统的整体规划必须强化。本轮电力体制改革给予了可再生能源发展充分的重视和保障，"九号文"及其配套文件下的新增配售电市场几乎是为可再生能源发电量身打造的。同时，可再生能源在我国能源供给结构中的比例提高，对保障国家能源安全也有不可忽略的作用。

六是对政府的影响（表 3-4）。"九号文"的出台对中央政府和地方政府都产生了一定的影响。对中央政府来说，"九号文"的出台强化了中央政府在改革进程中的统筹规划能力和监管能力；同时，下放了电力项目的审批权限，在一定程度上解决了由信息不对称带来的项目审批针对性不强等问题。对地方政府来说，"九号文"明确了跨省跨区的电力交易机制，在一定程度上弱化了地方保护主义。但是，新一轮电力体制改革也给中央政府和地方政府带来了一些新问题。例如，对中央政府来说，包括交叉补贴由谁来承担，普遍服务的功能由谁来实现，属于政府的职能需要进一步明确等；对地方政府来讲，由于电价可能会下降，当地高耗能产业和过剩产能会由于生产成本不高或者监管程度不同而产生扩张及进一步过剩的问题。

表 3-4　新一轮电力体制改革对政府的影响

主体	目标函数	约束条件	改革方向	可能的影响
中央政府	普遍服务 电力供应稳定 电力价格合理 节能减排	信息不对称	强化统筹规划 强化监管 下放电力项目审批	交叉补贴如何解决 普遍服务如何实现
地方政府	以电力保增长 普遍服务 电力价格合理 节能减排	财政资源有限	跨省跨区的电力交易机制	电价下降，高耗能产业扩张，过剩产能增加

总体上看，本轮电力体制改革成果颇丰，主要体现在输配电费用和用户电费支出的减少上。通过开展输配电价改革，按照"准许成本

加合理收益"的原则核定输配电价，大幅核减电网企业与输配电业务不相关、不合理成本，核减输配电费用约 80 亿元。通过推动电力直接交易，打破了电网"独买独卖"的垄断地位，允许并鼓励发电企业和电力用户直接交易，通过自愿协商确定电价。2015 年，全国电力直接交易电量约 4300 亿千瓦时，大型电力用户与发电企业通过自愿协商的方式降低电价平均约每千瓦时 5 分（1 分=0.01 元），每年减轻企业用电支出约 215 亿元[①]。

但是，本轮电力体制改革方案并没有抓住电力行业面临的主要矛盾，没有找准改革红利所在。不可否认，配售电环节的问题是电力体制改革的重要组成部分，但电力行业的主要问题是电力生产过程的污染水平过高，电网企业的资产膨胀、低效率及利益转移等。这一方案没有充分考虑发电侧的竞争效果，忽略了竞争带来的发电效率提升，以及附带的节能减排方面的好处。这一电力体制改革方案也没有提及政府在两个市场失灵地方应担负的责任。在发电侧，需要政府的税收或者行政手段来降低污染排放；在自然垄断部分，需要政府投资设施、配备培训人员来对垄断企业进行有效监管，以控制成本，提升效率，减少电力行业价值向上、下游关联企业转移。此外，电力直接交易的广泛推行必然造成两个方面的后果。如前所述，首先是用电成本的降低，将会刺激高耗能产业的进一步扩张。由于电力成本是高耗能产业生产成本的重要组成部分，电价下降会进一步恶化产业结构，冲击产业结构调整政策的效果。其次，由于来自工业售电的收益下降，电网企业维持交叉补贴和提供电力普遍服务的能力将下降，现行的电价体系崩解。这必将给民政部门和财政部门增加"保障居民和公益性用电、提供电力普遍服务"的负担。

上述分析表明，电力体制改革方案没有带来预期的效率提升，改革的红利不大。需要强调的是，本轮电力体制改革带来了巨大的利益调整。初步评估表明，在本轮电力体制改革方案中，赢家将会是高耗

[①] 资料来源：《发改委：供给侧改革发力政府和市场并用降低企业用能成本》，http://finance.china.com.cn/news/20160829/3881697.shtml[2017-06-27]。

能产业等用电大户，输家是财政部门、民政部门、地方政府、居民、农村和偏远地区及产业结构调整政策。至于电网本身，则是得失皆有，总体得利：电网的规模变小了，收益低了，但其承担的义务也将减少；各个地区的电网则是苦乐不均，东部电网获益，中西部的电网受损。

（二）地方电力体制改革方案评估

我们从以下维度评估各省（自治区、直辖市）和国家计划单列的新疆生产建设兵团电力体制改革的政策效果：供电质量，包括电力供应系统的安全稳定、所供电力的绿色高效、电力供需的平衡等方面；电力价格，即电力价格机制理顺，包括核定输配电价、放开发售电价等；交叉补贴和普遍服务是否得到妥善安排；电源结构，包括对可再生能源发电和分布式电源发展的支持等；市场秩序，包括明确电力市场交易主体的职责和权利、制定市场运行的规则、协调市场交易事项等方面；激励监管，是指政府对电力市场交易主体的有效监管措施，以及对其自身监管能力的要求；最后，考虑电力体制改革，尤其是电价改革，是否有利于改善经济结构。对电力体制改革政策的评估结果列入表3-5。

表3-5　各地区电力体制改革政策评估结果

地区	供电质量	电力价格	交叉补贴	普遍服务	电源结构	市场秩序	激励监管	经济结构
北京	保障	尚未核定	保留	保留	改善	市场主体定位和职能未明确	完善	不确定
山西	保障	尚未核定	未明确	保留	改善	完善	完善	促进工业经济发展
辽宁	保障	预期下降	未明确	保留	改善	完善	完善	不确定
上海	未明确	预期下降	未明确	改善	未明确	完善	待完善	不确定
安徽	保障	上升	未明确	保留	改善	完善	完善	不确定
山东	保障	下降	未明确	保留	改善	完善	完善	不确定
河南	保障	下降	未明确	保留	改善	完善	完善	不确定

地区	供电质量	电力价格	交叉补贴	普遍服务	电源结构	市场秩序	激励监管	经济结构
湖北	保障	上升	未明确	保留	改善	完善	完善	不确定
湖南	保障	预期下降	未明确	保留	改善	完善	完善	不确定
广西	保障	下降	未明确	保留	改善	完善	完善	不确定
海南	保障	下降	保留	保留	改善	完善	完善	不确定
四川	保障	尚未核定	未明确	保留	改善	完善	待完善	不确定
贵州	保障	下降	未明确	保留	改善	完善	缺少对用户和政府的激励	促进工业经济发展
云南	保障	下降	未明确	保留	改善	完善	完善	不确定
陕西	保障	预期下降	未明确	保留	改善	完善	待完善	改善
甘肃	保障	尚未核定	未明确	保留	改善	完善	完善	发展新兴产业
新疆	保障	尚未核定	未明确	保留	改善	完善	完善	不确定
黑龙江	保障	下降	保留	保留	改善	完善	完善	不确定
福建	保障	下降	未明确	保留	改善	完善	完善	不确定
江西	保障	下降	保留	保留	改善	完善	完善	改善
广东	保障	下降	未明确	保留	改善	完善	未明确	不确定：通过降低电力等投入要素价格降低企业成本
重庆	保障	上网电价和工业销售电价下降，输配电价尚未核定	未明确	保留	改善	完善	未明确	不确定：限制高耗能和产能严重过剩的行业发展，支持工业经济发展
新疆生产建设兵团	保障	理顺价格形成机制	保留	保留	改善	完善	完善	不确定

　　在"九号文"的改革框架下，各省（自治区、直辖市）和国家计划单列的新疆生产建设兵团出台了电力体制改革的试点方案。总体上

看，在保障电力供应质量的基础上，理顺电力价格形成机制、促进可
再生能源发电和分布式电源发展、完善电力市场交易秩序和建立有效
的激励监管措施是各地改革的重要任务。关于交叉补贴，以"妥善处
理交叉补贴"或"配套改革交叉补贴"的形式纳入改革政策中，但未
明确具体的改革方案。关于普遍服务，现阶段仍保留普遍服务的义务，
改革方案中或明确提出"电网企业按照国家规定履行普遍服务义务"
或未提及。关于经济结构，随着本轮电力体制改革的推进，预期工商
业电力价格将有所下降，这对降低成本、促进实体经济发展而言都是
一件好事；但与改善经济结构的目标相矛盾。

理顺电力价格形成机制是地方改革的重点。在可竞争领域建立市
场，推进能源价格市场化，使电价真实反映成本和市场需求变化；在
自然垄断领域完善监管机制，核定输配电价，是本轮电力体制改革的
关键。改革后，全国各地 2015 年上网标杆电价均进行了下调，其中河
北南网、福建、山西下调幅度居前三位，分别为-7.56%，-6.94%，
-6.20%；下降幅度不低于 5%的有海南、上海、广东、安徽、天津、
吉林；下降幅度不低于 4%的有河南、湖南、山东、辽宁、江苏、黑
龙江、河北北网、青海、北京、云南；下降幅度在 2%~4%的有四川、
贵州、重庆、江西、广西、陕西、湖北、浙江、内蒙古西部和宁夏。
此后，2015 年 11 月电力体制改革六大配套文件相继发布，电力体制
改革持续推进。2016 年，河北南网、河南、山东、山西上网标杆电价
下降幅度相对于 2014 年达到了 15%以上。具体见表 3-6。

表 3-6　电力体制改革前后各地上网标杆电价的变化

区域	2014 年 9 月 1 日/（元/千瓦时）	2015 年 4 月 20 日/（元/千瓦时）	2016 年 1 月 1 日/（元/千瓦时）	2015 年与 2014 年的价差/%	2016 年与 2014 年的价差/%
河北南网	0.4234	0.3914	0.3494	-7.56	-17.48
河南	0.4191	0.3997	0.3551	-4.63	-15.27
山东	0.4396	0.4194	0.3729	-4.60	-15.17
山西	0.3772	0.3538	0.3205	-6.20	-15.03

续表

区域	2014 年 9 月 1 日/（元/千瓦时）	2015 年 4 月 20 日/（元/千瓦时）	2016 年 1 月 1 日/（元/千瓦时）	2015 年与 2014 年的价差/%	2016 年与 2014 年的价差/%
福建	0.4379	0.4075	0.3737	−6.94	−14.66
陕西	0.3894	0.3796	0.3346	−2.52	−14.07
安徽	0.4284	0.4069	0.3693	−5.02	−13.80
重庆	0.4383	0.4231	0.3796	−3.47	−13.39
湖北	0.4592	0.4416	0.3981	−3.83	−13.31
天津	0.4049	0.3815	0.3514	−5.78	−13.21
江西	0.4555	0.4396	0.3993	−3.49	−12.34
江苏	0.4310	0.4096	0.3780	−4.97	−12.30
河北北网	0.4141	0.3971	0.3634	−4.11	−12.24
海南	0.4778	0.4528	0.4198	−5.23	−12.14
上海	0.4593	0.4359	0.4048	−5.09	−11.87
四川	0.4552	0.4402	0.4012	−3.30	−11.86
贵州	0.3813	0.3709	0.3363	−2.73	−11.80
北京	0.3924	0.3754	0.3515	−4.33	−10.42
广东	0.5020	0.4735	0.4505	−5.68	−10.26
云南	0.3726	0.3563	0.3358	−4.37	−9.88
辽宁	0.4044	0.3863	0.3658	−4.48	−9.55
湖南	0.4940	0.4720	0.4471	−4.45	−9.49
广西	0.4574	0.4424	0.4140	−3.28	−9.49
甘肃	0.3289	0.3250	0.2978	−1.19	−9.46
浙江	0.4580	0.4453	0.4153	−2.77	−9.32
黑龙江	0.4064	0.3864	0.3723	−4.92	−8.39
青海	0.3540	0.3370	0.3247	−4.80	−8.28
内蒙古西部	0.3004	0.2937	0.2772	−2.23	−7.72
吉林	0.4014	0.3803	0.3717	−5.26	−7.40
宁夏	0.2791	0.2711	0.2595	−2.87	−7.02
内蒙古东部	0.3104	0.3068	0.3068	−1.16	−1.16
新疆	0.2620	0.2590	0.2590	−1.15	−1.15

资料来源：依据国家发展和改革委员会发布的电价文件整理

　　输配电价改革正以试点的方式进行推广。2015 年 3 月在内蒙古西部、安徽、湖北、宁夏、云南、贵州 6 个省级电网开展了先行试点，允许按"准许成本加合理收益"原则核定输配电价（表 3-7）。相对于 2007 年输配电价标准而言，输配电价改革后，内蒙古西部和安徽的输配电价格有所上升，而湖北、宁夏、云南和贵州在 110 千伏及以上的输配电价格下降。2016 年 3 月，试点范围已扩大到北京、天津、河北南网、河北北网、山西、陕西、江西、湖南、四川、重庆、广东、广西等 12 个省级电网及电力体制综合改革试点电网和华北区域电网，输配电价改革试点覆盖全国半数省级电网。

表 3-7　输配电价改革试点前后输配电价的差异

单位：元/千千瓦时

区域	输配电价（2007 年）	改革后核定输配电价标准			
		1～10 千伏	35 千伏	110 千伏	220 千伏
内蒙古西部	83.04	174.3	124.6	109.3	89.7
安徽	129.50	178.4	163.4	148.4	138.4
湖北	103.39	132.9	113.1	95.0	76.0
宁夏	128.17	164.9	134.9	104.9	73.9
云南	140.21	169.2	146.2	70.0	52.0
贵州	108.78	173.9	130.2	79.9	56.7

资料来源：依据国家发展和改革委员会发布的电价文件整理

　　在售电价格上，对一般工商业用户的销售电价进行下调，大工业用户用电价格不作调整。图 3-2 显示，2015 年全国多数省（自治区、直辖市）的一般工商业用户用电价格均下调，其中山西用电价格每千瓦时下调 6.09 分钱，下调价格幅度居全国首位，而北京、吉林、内蒙古东部、青海和贵州的价格保持不变。此外，将居民生活和农业生产以外其他用电征收的可再生能源电价附加征收标准提高到每千瓦时 1.9 分钱。

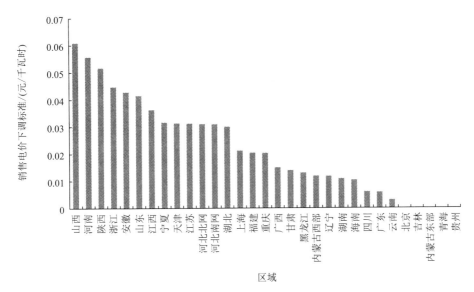

图 3-2　2015 年各省（自治区、直辖市）一般工商业用电价格平均降低标准（含税）

资料来源：依据国家发展和改革委员会发布的电价文件整理

电力体制改革以市场化方向为主导，除价格形成机制外，电力交易机制完善和售电侧放开也是主要的改革方向。2016 年 3 月，两个国家级电力交易中心——北京电力交易中心和广州电力交易中心揭牌成立。至今，全国已成立 33 家电力交易中心。其中，海南省未成立其省级电力交易中心；北京市和广东省除成立两个国家级电力交易中心以外，分别成立了两个（首都电力交易中心和冀北电力交易中心）和一个（广东电力交易中心）省级电力交易中心。售电侧放开的成绩斐然，截至 2016 年 12 月 16 日，全国共成立售电公司 3512 家；至 2017 年 2 月 10 日，全国已注册的售电公司达到 6389 家[①]。令人担忧的是，目前成立的电力交易中心采用股份制，很难保证其中立性和公正性。并且，除了个别试点省份进行了集中竞价交易之外，绝大部分省份还没有真正意义上的电力市场交易。换言之，目前真正从事电力交易的售电公司为数不多。电力交易机构和售电公司如何相辅相成、发挥作用仍需探索。

需要注意的是，改革进程中"两个确保"和"以省（自治区、直

---

① 资料来源：《售电公司如何在竞争中求生存》，http://www.cet.com.cn/nypd/dl/1897484.shtml [2017-06-27]。

辖市）为主"的改革路径与"市场起决定性作用"的改革方向相矛盾。"两个确保"挤占了市场空间，再加上"以省（自治区、直辖市）为主"，省（自治区、直辖市）内市场空间有限，卖家少，买家也少，容易出现市场串谋的问题；而各大发电集团在不同地区的市场保有量差异较大，形成明显的地域分割特点，"以省（自治区、直辖市）为主"的改革有可能形成地区市场间的壁垒，导致全国发电侧资源的配置低效。

通过计算各省（自治区、直辖市）发电侧的市场势力[赫芬达尔-赫希曼指数（HHI）和 CR_4 指数[①]]（表 3-8），我们发现，中国大部分省份的发电侧市场属于中、高度垄断，其中河南、江苏两地的发电侧市场属于竞争性市场；内蒙古、广东、广西、天津、宁夏、河北、福建、甘肃、山东、陕西、山西、安徽、辽宁、新疆等地为中度垄断市场；四川、贵州、云南、吉林、黑龙江、湖南、湖北、上海、浙江、重庆、江西、北京、青海等地为高度垄断；海南由于面积较小，仅有华润一个发电集团，处于完全垄断的状态。整体上而言，几乎所有的省份的市场势力 HHI 都在 800 以上，HHI 大于 1000 的省份占到 93%。从 CR_4 指标来看，由于北京、青海、海南三地的发电厂商不足 4 个，CR_4 指标为 1。而余下各省（自治区、直辖市）的 CR_4 指数都大于 0.4，即各省（自治区、直辖市）装机容量排名前四的集团占到该省（自治区、直辖市）总份额的 40% 以上，为寡占型市场。换言之，我国几乎所有的省级区域发电侧市场都处于高度集中的状态。本轮"以省（自治区、直辖市）为主"的电力体制改革并不能改善地区发电侧市场高度集中的状态，反而有可能促成地区市场内的串谋和地区市场间的壁垒。

表3-8 各省（自治区、直辖市）发电侧市场 HHI 和 CR_4 指数的计算结果

（仅含火电，2014 年）

地区	河南	江苏	新疆	天津	山西	辽宁	内蒙古	安徽	广西	福建
HHI	880	891	1 010	1 144	1 243	1 283	1 297	1 300	1 340	1 417
CR_4	0.495	0.508	0.517	0.560	0.628	0.659	0.588	0.636	0.636	0.658

① CR_n 指数：产业内最大的前 n 位（通常 n 取 4 或 8）企业的产出、销售额等指标的累计数占整个产业相应指标总数的比例。

续表

地区	河北	甘肃	宁夏	广东	陕西	山东	湖北	四川	湖南	黑龙江
HHI	1 514	1 540	1 569	1 687	1 724	1 736	1 809	2 034	2 186	2 211
CR_4	0.668	0.685	0.687	0.661	0.736	0.723	0.775	0.776	0.842	0.895

地区	贵州	江西	吉林	云南	浙江	北京	上海	重庆	青海	海南
HHI	2 248	2 483	2 484	2 557	2 606	2 688	2 771	3 070	3 961	10 000
CR_4	0.808	0.917	0.977	0.946	0.802	1.000	0.967	0.923	1.000	1.000

资料来源：依据《全国燃煤机组脱硫设施清单》计算，西藏自治区数据缺失

四 进一步改革面临的挑战

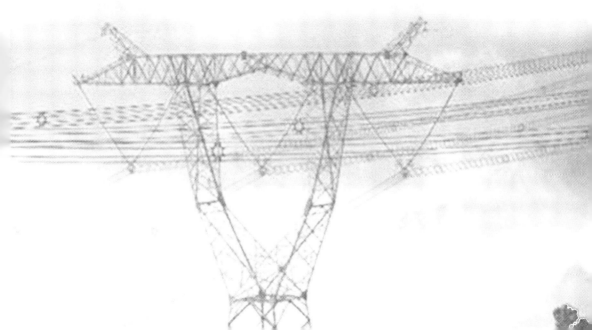

为确保电力体系在市场作用和政府监管之下有效运转，以下挑战仍需予以关注：第一，从监管体系的科学建设和监管能力的有效提升两方面强化政府的监管能力；第二，理顺电力市场中的价格形成机制和传导机制，避免"成本加成定价"的弊端；第三，在市场作用主导的电力体制中，达成"确保可再生能源优先供电，确保居民优先用电"的发用电计划，并安排相应的财源支持；第四，警惕省级区域内市场势力影响，协调跨省电力补贴，考虑跨省电力交易平台和区域电网建设等问题；第五，本轮电力体制改革由省（自治区、直辖市）内能源局与电力体制改革小组共同负责，电力体制改革的权责划分、方案实施和监督落实都是亟待解决的问题。具体来看，包括以下内容。

（一）政府监管能力的挑战

在电力市场中，政府监管与市场机制相辅相成。各级政府的监管是电力体制的重要组成部分，更是电力市场运行通畅的重要保障。目前，电力监管存在"没有法源，没有设备，没有人力"的情况。没有强大而有效的监管，发电侧的效率红利就难以实现，电网企业的过度投资、低效率运营和可能的利益输送问题就难以解决。因此，电力体制改革必然包含着电力监管的升级和强化。电力监管的升级和强化绝不是简单的监管领域延伸或监管条件变化，而是监管体系的科学建设和监管能力的有效提升。因此，未来必须加强监管能力建设。

（二）"成本加成定价"带来的挑战

电力体制改革的一个重要任务是理顺价格形成机制和传导机制，前者与电力生产紧密相连，后者则与输配售电相联系。从配套文件看，政府采取了较为简便易行的"成本加成定价"，即准许成本加合理收益的模式核准输配电价。这种方法的核心在于成本核算，包括电力生产成本、电力生产的负外部性成本、电力的输配成本等。而由于电厂和电网企业与监管部门之间的信息不对称，电力成本核算成为一项重大的挑战。从国际经验看，在"成本加成定价"下，电力企业会有过度投资的动机，经营过程会有人浮于事的问题，也会有上、下游利益输送等问题。如何进行成本监审和科学核准，从而避免"成本加成定价"的弊端，是监管者所面临的最大的挑战之一。

（三）"两个确保"带来的挑战

为了兼顾特定用电主体的利益和可再生能源的发展，配套文件明确了"两个确保"，即"确保可再生能源优先发电，确保居民优先用电"。在努力推进市场机制的主导作用的背景下，"两个确保"压缩了市场空间，如何协调"两个确保"和"市场起决定性作用"是一个不小的挑战。此外，由于"两个确保"需要额外的财源支持，如何从财政上做出一个既可以解决问题，又可以持续的安排是重大的挑战。

（四）地方改革带来的挑战

本轮电力体制改革以省（自治区、直辖市）为改革主体，可能引发新的问题。问题之一是我国大部分地区的发电侧市场集中度较高，弊端在于：第一，省（自治区、直辖市）内发电市场将会继续保持较大程度的垄断，从而可能形成各省（自治区、直辖市）内部几个大厂商串谋操控电价的现象。第二，各大发电集团在不同地区的市场保有量差异较大，形成明显的地域分割特点，地方电力市场改革有可能在各省（自治区、直辖市）之间形成壁垒，导致全国发电侧资源的配置低效。如何界定改革的地域范围，从而降低区域内厂商的市场势力，将成为一个挑战。问题之二是各地区的电力生产和消费情况不同，这包括电力生产成本、电力消费水平和结构等，事实上存在地区之间的电价交叉补贴。而本轮电力体制改革之后，地区之间的电力补贴政策协调将成为另一个挑战。

（五）重大责任划分的挑战

　　配套文件把电力市场建设和监督的最终责任赋予了中央各相关部委、国家能源局和省（自治区、直辖市）政府。由于三者的权限不同，政策工具不同，目标和任务也不同，三者共同负责的制度安排在实际运转中可能会面临较大的考验。若中央各部委的目标之间，以及中央部委和地方政府的目标之间存在差异，甚至是冲突，将如何协调平衡？因此，设计权责相符的体制是决策部门亟须解决的问题。

五　对后续改革进程的建议

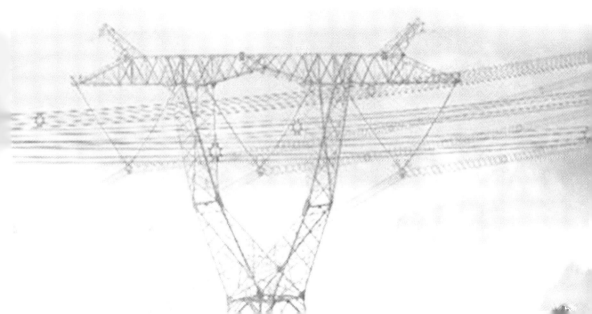

　　通过对电力体制改革文件的评估，以及对未来挑战的分析，我们对后续改革进程提出以下几点建议。

　　一是完善相关法律法规。"九号文"是一个纲领性和指导性的文件，真正落实还需要各方面的政策法规、操作措施来配套，要把《中华人民共和国电力法》与《中华人民共和国可再生能源法》《中华人民共和国节约能源法》等配套法规相衔接，核心价值取向应由过去的"加快发展、保障供应"转向"绿色低碳、节能优先"，建立相应的监督机制和保障机制。

　　二是落实实施细则。本轮电力体制改革方案出台后，仍有很多问题没有得到解决，例如，如何保证电力交易机构相对独立？如何强化政府监管？如何保证电网的无歧视公平开放？取消发用电计划后，电力调度怎么协调？这些问题都需要相关的实施细则去落实，包括有序放开发用电计划、推动电力市场化交易、制定电力交易机构组建和运营办法、制定配售电业务准入和监管办法、推动售电侧体制改革等。

　　三是抓紧出台资源税和环境税。当前的电价体系中，不包含煤电的环境成本，煤电价格低于清洁能源发电的价格。只有把煤电成本内生化，提高煤电价格，清洁能源发电才有市场。高耗能企业是用电大户也是排污大户，本轮电力体制改革将利于高耗能行业企业通过直购电受益，因此，需要通过环境税把高耗能产业的环境负外部性考虑进来，否则高耗能企业用电反弹将导致更严重的环境污染。

　　四是对社会资本投资增量配售电业务设置更高的技术条件和资质条件。增量投资部分从顶层设计上就要避免电力企业的恶性竞争，要制定符合绿色、低碳、高效、清洁、规则的准入标准，提高新进入企业的技术和资质要求。研究如何让新售电机构有激励并有义务为用户提高用电效率、优化用电模式、增加清洁电力消费比例。未来新的售电机构盈利点应放在出售用电服务方面。政府对售电机构的监管与考核不应唯"售电量"论，还应该包括用户的用电效率、清洁电力的消费量等指标。

　　五是继续做好普遍服务工作。我国还有很多地方，尤其是边远农村、山区、落后地区，网架结构还很薄弱，在这些地方进行配电网投资是很难收回成本的。投资者不应只顾为大用户、工业用户增加配电网投资而忽视了社会普遍服务的责任。

更具体地，未来电力体制改革努力的方向主要有：促进能源和产业结构优化、还原能源商品属性、反映负外部性、尽可能降低改革带来的社会冲击及通过改革倒逼政府职能转变。

（一）促进煤炭清洁利用

我国能源生产和消费所要达到的目标包括：满足能源需求、保障能源供给安全、维持能源价格的可承受性和提高能源利用的清洁性。从这一战略角度出发，煤炭的清洁利用能够同时满足上述目标，在能源战略中占据核心地位。煤炭清洁利用需要从以下几个方面进行努力。

一是进行技术革新。具体方法有三：第一，降低供电煤耗。全国"十三五"能源规划工作会议指出，"未来新建燃煤机组供电煤耗要低于每千瓦时 300 克标煤，污染物排放接近燃气机组排放水平，现役 60 万千瓦及以上机组力争 5 年内供电煤耗降至每千瓦时 300 克标煤"。如果这一目标得到实现，大约每千瓦时电的外部性成本可以减少 0.07 元，按 2012 年全国火电发电量 39 108 亿千瓦时来算，可以减少环境损失高达 2700 亿元。第二，加大科研投入力度。只要能达到新的污染物排放标准要求，就不限制企业使用煤炭，从市场化角度加快淘汰落后的煤炭利用方式，支持煤炭清洁利用技术改造。第三，加强污染物排放控制。积极发展煤炭资源综合利用，按照发展循环经济的要求，促进煤炭废弃物的再生资源化利用，可以减少长期堆积对环境造成的危害。

二是煤电全成本定价。经计算，煤炭发电的外部性成本只有约 30%被内部化了，应当对电力价格实施全成本定价，调整环境税和可再生能源补贴，让价格反映资源的稀缺性和环境治理成本，使电力使用者负担能源的外部性成本，即让电力生产过程中的外部性成本完全内部化。

三是加大对煤炭清洁利用补贴力度，制定税收优惠，完善定价机制，健全融资体系。在准确估计民众及工业企业接受程度（弹性）的基础上，给清洁煤使用制定合适的价格，激发企业生产积极性，着重解决资金问题。另外，政府对实施清洁生产和利用的企业可以给予适当的政策倾斜，发挥"双重红利"：可以将排污费返还企业用于清洁生产，要求专款专用，解决资金紧张的问题。

四是实施规范管理。第一，加强政府监督，从人力投入、法制建设、防范预案等方面加强政府监督，增强事故防治工作。第二，加大国际资源的引进力度。一是引进先进设备与技术；二是鼓励清洁煤炭或者电力进口。第三，强化自备电厂管理。对自备电厂统一规划，疏堵结合，分类指导，加快市场建设，同时完善相关政策，促进自备电厂健康发展。

（二）加强输配电成本监管

加强输配电成本监管，既有利于制定合理的电力价格和形成独立的输配电价格体系，又有利于建立有效的电网成本约束和监督机制，还有利于提升政府定价的科学性、合理性和透明度。对于加强输配电成本监管，有以下几点建议。

一是设立专业独立的输配电成本监管机构。我国电力体制改革的一个重要目标就是将政府对电力行业的宏观调控职能与经济监管职能相分离，电力监管机构就应具有事前监管职能。具体到输配电成本监管方面，应将与定价相关的成本审核权等赋予电网监管机构。同时，应给予电力监管机构制定电力监管会计制度、根据需要对监管对象进行特殊审计等权力。

二是健全基层输配电成本监管组织体系。我国地域辽阔、人口众多、电力行业规模庞大、电力服务量大面广、地区间电力发展和改革进展不平衡，应健全基层输配电成本监管组织体系，减少基层监管缺位、监管混乱的现象和"监管真空"。

三是完善我国输配电成本监管规则。建立多层次的输配电成本核定标准，以资产价值、工作人员数量及电网企业经营规模等为变量，以电网企业历史水平为基数进行测算及修正，得出作业的参考成本；制定有效资产与运行维护费用的核定标准、有效资产和成本的计价方式。完善电网企业输配电成本核算办法，考虑以省（自治区、直辖市）为主体，根据以功能为主、电压等级为辅的原则划分输配电成本核算对象。完善电网企业输配电成本信息报送制度，其主要工作包括确保其掌握及描述的信息需求的准确性和报送信息的质量。

四是制定完善的电力监管会计制度。电力监管会计制度的重点是对影响电价的电力设备价值、运行成本和资本成本按照监管需要进行核算。为满足电力监管的需要，规范电力企业的会计核算，应该建立专门的电业会计制度，对会计信息的形成和披露进行规范。

五是完善输配电成本监管的激励机制。促使电网企业主动降低成本，提高效率，防止和控制其过度投资，有效约束和控制输配电成本的不合理增长。设计激励机制引导合理的电力投资，对于电网企业服务绩效，如创新、普遍服务、提高可靠性等超过规定目标的，适当给予奖励，反之予以惩罚，充分调动电网企业自身的主动性与积极性。

（三）妥善处理交叉补贴

我国电力市场实行的交叉补贴其实是一种中国模式的环境税，具有"双重红利"效应。我国电力企业利用其在营利性领域（如工、商业）的收益来弥补在非营利性领域（如居民）的亏损，是工商业电价对居民电价的交叉补贴。我国52%的工业能耗来自高耗能产业，通过对高耗能、高污染的行业收取高电价，相当于对其征收了环境税，倒逼高耗能产业转型，实现绿色红利。而对居民实行低电价，实际是把从高耗能产业征收来的环境税，返还补贴给了居民，增加了居民福利，实现效率红利。

交叉补贴没有经过税收系统，而是直接通过电网系统进行了再分配。几十年来，我国电力市场一直实行中国特色的"双重红利"，是否要改革现存的交叉补贴安排是一个需要重新审视的问题。可采取过渡性安排妥善处理交叉补贴，如短期内维持交叉补贴，逐渐过渡到长期内厘清和剥离交叉补贴，从而实现电价形成机制的市场化。

（四）积极应对电价波动

通过统计 2011 年我国不同收入层级的城镇居民家庭用电量，可以发现，收入越高，家庭用电量越高。最低收入户的平均用电量仅为居民平均用电量的 62%，而最高收入户的平均用电量达到了居民平均用电量的 1.56 倍①。从这个角度看，考虑不同收入层级家庭的用电量，我国现行的低电价带来的补贴实际上更多地补贴了富人。从供给方面看，提高电力价格将促进我国可再生能源发展和电源结构向清洁化方向推进。从需求方面看，提高电价一方面可以促进我国能源结构和产业结构优化；另一方面，基于我国居民用电价格偏低，电价增长缓慢，并且电力消费支出规模较小的现实，提高电价不会给居民带来较大的负担。

提高电价之后，为了应对电力价格上升可能带来的社会经济冲击，政府可以考虑实施增值税差别税率改革。电力作为基础的生产投入要素，其价格波动必然会通过产业链传递到其他产品并最终引起一般物价水平的变化。在电价上涨的同时调低增值税税率，能够平抑电价上涨对一般物价水平的影响。

（五）提升政府监管能力

与国际能源监管经验相比，我国能源监管体制在以下几个方面还存在一些问题和不足，可以借鉴他国的成功经验，对我国能源监管体

---

① 资料来源：作者根据《中国城市（镇）生活与物价年鉴》相关数据计算。

制进行完善。

一是完备能源监管法律体系，规范监督行为。能源立法是确立监管机构合法性的普遍做法，统一的能源法对能源监管机构的定位和监管体系的建设具有纲领性的作用。因此，我国需要尽快制定一部既有综合性又突出重点、既有政策指导性又有法律规范性的中国特色的能源基本法。在能源基本法之下，需要制定下位的能源管理法规、监管法规和能源市场发展条例，从而构建统一规范的能源监管法律体系，提高能源监管的执法能力和执行效力。

二是优化能源监管职能配置，调整监管机构设置。目前，我国能源监管职能的分散混淆与监管机构的设置不合理是分不开的。在能源监管机构设置上可以先采取一些过渡方案，如促进不同行业部门具有相同监管职能的工作人员合作，或相互调配使用，促进信息的交流沟通等；然后逐渐抛弃传统的按行业划分的机构设置方式，将不同行业的相同监管职能进行合并，按职能划分部门；最后归为一个独立的监管机构进行管理。由于我国地方能源监管机构隶属中央，相互之间并不独立，需要科学确定能源监管权力的横向和纵向划分，在不同监管部门和监管机构之间合理分配监管权力。

三是促进能源监管工具革新，全面提高监管能力。建立多层次、全方位的协作机制，如建立一些合作协调机构和会议制度，来协调各方的利益，解决可能出现的矛盾和冲突，进而提高我国能源监管的整体能力。

参 考 文 献

范玉仙, 袁晓玲, 2015. 中国电力行业环境技术效率及影响因素研究——基于 1995—2012 年省级面板数据. 北京理工大学学报(社会科学版), (17): 57-66

国家发展和改革委员会, 国家能源局, 2015. 关于印发电力体制改革配套文件的通知(发改经体〔2015〕2752 号)

国家电力监管委员会, 2008. 全国企业自备电厂情况通报

国务院办公厅, 2014. 能源发展战略行动计划(2014—2020 年)(国办发〔2014〕31 号)

环境保护部, 2014. 关于公布全国燃煤机组脱硫脱硝设施等重点大气污染减排工程名单的公告(公告 2014 年 第 48 号)

惠晓峰, 陈阵, 2006. 我国自然垄断行业价格规制规避 A-J 效应的对策. 价格理论与实践, (6): 20-22

李海涛, 2016. 政府特许经营模式下的电网投资体制构建. 管理世界, (1): 178-179

林伯强, 2003. 结构变化、效率改进与能源需求预测——以中国电力行业为例. 经济研究, (5): 57-65, 93

林卫斌, 方敏, 2016. 能源体制革命: 概念与框架. 学习与探索, (3): 71-78

林卫斌, 李妙华, 陈昌明, 2016. 新一轮电力体制改革的逻辑与进展. 价格理论与实践, (9): 8-13

刘树杰, 杨娟, 2016. 电力市场原理与我国电力市场化之路. 价格理论与实践, (3): 24-28

刘思强, 姚军, 叶泽, 2015. 我国销售电价交叉补贴方式及改革措施——基于上海市电力户控数据的实证分析. 价格理论与实践, (8): 26-28

马莉, 杨素, 魏哲, 2014. 日本电改"三步走". 国家电网, (4): 58-60

史丹, 王蕾, 2015. 能源革命及其对经济发展的作用. 产业经济研究, (1): 1-8

石良平, 刘小倩, 2007. 中国电力行业规制效果实证分析. 财经研究, 33(7): 134-143

施子海, 侯守礼, 支玉强, 2016. 美国电价形成机制和输配电价监管制度及启示. 价格理论与实践, (7): 25-27

汪朝忠, 2015. 我国实施电力双边交易模式的可行性研究. 经济体制改革, (2): 194-200

王芳, 陈阵, 2006. 投资回报率价格管制方式下自然垄断企业与政府的博弈研究. 价格理论与实践, (10): 41-42

王风云, 苏烨琴, 李啸虎, 2016. 电力体制改革下核定输配电价难点与对策研究. 价格理论与实践, (11): 62-65

王俊豪, 2001. A-J 效应与自然垄断产业的价格管制模型. 中国工业经济, (10): 33-39

王伟, 2016. 新电改下中国电力监管体制改革路径. 中共中央党校学报, (20): 108-112

王赵斌, 何兆成, 2016. 以输配电价改革引领电力体制改革前进. 价格理论与实践, (4): 46-48

徐骏, 曹学泸, 2016. 我国电力市场中市场势力的形成及其监管问题研究. 价格理论与实践, (10): 82-85

许子智, 曾鸣, 2011. 美国电力市场发展分析及对我国电力市场建设的启示. 电网技术, (6): 161-166

张粒子, 2016. 我国输配电价改革中的机制建设和方法探索. 价格理论与实践, (2): 29-31

郑新业, 2016a. 加强监管能力建设 推进输配电价改革. 价格理论与实践, (2): 32-34

郑新业, 2016b. 突破 "不可能三角": 中国能源革命的缘起、目标与实现路径. 北京: 科学出版社

郑新业, 傅佳莎, 2015-03-23. 电力交叉补贴是中国特色 "双重红利". 中国能源报, (05)

郑新业, 杨哲涵, 2015-03-16. 从现实出发重建能源监管体系. 中国能源报, (05)

郑新业, 张阳阳, 胡竞秋, 2016. 市场势力的度量、识别及防范与治理——基于对中国电力改革应用的思考. 价格理论与实践, (6): 23-27

中共中央, 国务院, 2015. 关于进一步深化电力体制改革的若干意见(中发〔2015〕9 号)

Al-Sunaidy A, Green R, 2006. Electricity deregulation in OECD countries. Energy, 31: 769-787

Averch H, Johnson L, 1962. Behavior of the firm under regulatory constraint. American Economic Review, 52: 1052-1069

Blumsack S, Perekhodtsev D, Lave L B, 2002. Market power in deregulated wholesale electricity markets: issues in measurement and the cost of mitigation. Electricity Journal, 15(9): 11-24

Bushnell J B, Mansur E T, 2005. A study of electricity retail rate deregulation in San Diego. The Journal of Industrial Economics, 53: 493-513

Cho I-K, Kim H, 2007. Market power and network constraint in a deregulated electricity market. Energy, 28(2): 1-34

Courville L, 1974. Regulation and efficiency in the electric utility industry. The Bell Journal of Economics and Management Science, 5(1): 53-74

Crompton P, Wu Y, 2005. Energy consumption in china: past trends and future directions. Energy Economics, 27(1): 195-208.

Heiman M, 2006. Expectations for renewable energy under market restructuring: the U.S. experience. Energy, 31: 1052-1066

Helman U, 2006. Market power monitoring and mitigation in the US wholesale power markets. Energy, 31: 877-904

Karthikeyan S P, Raglend I J, Kothari D P, 2013. A review on market power in deregulated electricity market. International Journal of Electrical Power & Energy Systems, 48(48): 139-147

Liu Z, Guan D, Crawford-Brown D, et al. , 2013. Energy policy: a low-carbon road map for China. Nature, 500(7461): 143-145

Liu Z, Guan D, Wei W, et al. , 2015. Reduced carbon emission estimates from fossil fuel combustion and cement production in China. Nature, 524 (7565): 335-338

Ni J, Wei C, Du L, 2015. Revealing the political decision toward Chinese carbon abatement: based on equity and efficiency criteria. Energy Economics, 51: 609-621

Qi Y, Stern N, Wu T, et al. , 2016. China's post-coal growth. Nature Geoscience, 9(8): 564-566

Swisher J, McAlpin M, 2006. Environmental impact of electricity deregulation. Energy, 31: 1067-1083

Takashima R, Goto M, Kimura H, et al. , 2008. Entry into the electricity market: uncertainty, competition, and mothballing options. Energy Economics, 30: 1809-1830

Thomas S D, 2006. Electricity industry reforms in smaller European countries and the Nordic experience. Energy, 31: 788-801

Twomey P, Green R, Neuhoff K, et al. , 2005. A review of the monitoring of market power. Cambridge Working Papers in Economics CWPE 0504

Wang Q, Pan J, Zeng N, et al. , 2008. China's energy policy comes at a price. Science, 321 (5893): 1156-1157

Williams J, Ghanadan R, 2006. Electricity reform in developing and transition countries: a reappraisal. Energy, 31: 815-844

Woo C K, Lloyd D, Tishler A, 2003. Electricity market reform failures: UK, Norway, Alberta and California. Energy Policy, 31 (11): 1103-1115

Woo C K, Zarnikau J, 2009. Will electricity market reform likely reduce retail rates? The Electricity Journal, 22: 40-45

Zarnikau J, Hallett I, 2008. Aggregate industrial energy consumer response to wholesale prices in the restructured Texas electricity market. Energy Economics, 30: 1798-1808